胜坨镇志

LOCAL RECORDS OF SHENGTUO

山东省东营市垦利区胜坨镇志编纂委员会　编

图书在版编目（CIP）数据

胜坨镇志 / 山东省东营市垦利区胜坨镇志编纂委员会编 .-- 北京：方志出版社，2018.11

（中国名镇志丛书）

ISBN 978-7-5144-3390-6

Ⅰ. ①胜… Ⅱ. ①山… Ⅲ. ①乡镇—地方志—东营 Ⅳ. ① K295.25

中国版本图书馆 CIP 数据核字（2018）第 254121 号

· 中国名镇志丛书 ·

胜坨镇志

编　　者：山东省东营市垦利区胜坨镇志编纂委员会
责任编辑：梅中英

出 版 人：冀祥德
出 版 者：方志出版社
地址　北京市朝阳区潘家园东里 9 号（国家方志馆 4 层）
邮编　100021
网址　http://www.fzph.org
发　　行：方志出版社图书经销中心
电话　（010）67110500
经　　销：各地新华书店
排　　版：北京纺印图文设计制作有限公司
印　　刷：北京中科印刷有限公司

开　　本：787 × 1092　1/16
印　　张：15.25
字　　数：297 千字
版　　次：2018 年 11 月第 1 版　2018 年 11 月第 1 次印刷

ISBN 978-7-5144-3390-6　**定价**：121.00 元

序一

习近平总书记指出："不忘历史才能开辟未来，善于继承才能善于创新……只有坚持从历史走向未来，从延续民族文化血脉中开拓前进，我们才能做好今天的事业。"中国优秀传统文化是在漫长的历史长河中历经无数次涤荡和沉淀而形成的思想精髓，蕴藏着无穷的宝藏和无尽的力量。发掘和继承优秀传统文化，是延续中华文明"根"与"魂"的必由之路。与时俱进，推动传统文化不断开拓创新，是中华文明常葆勃勃生机的重要保证。

"国有史，邑有志。"编修地方志是中国特有的文化现象，是中华民族的优秀文化传统。数千年来，连绵不断的志书编修为保护中华民族根脉，传承中华文明发挥了不可替代的作用。中国现存古志有 8000 余种，占现存古籍的十分之一。中华人民共和国成立以来，编修完成数万种省、市、县三级综合性行政区域志、部门志、行业志、专志等，编纂数万种地方综合年鉴、行业年鉴和专门年鉴等，整理出版数千种历代方志及相关研究成果，发表相当数量的方志理论与年鉴理论研究成果。这既是对我国国情、地情持续开展的大规模普遍调查，也是对各地自然与社会发展状况进行的综合研究，其成果构成了一座丰富的文化资源宝藏，为各级领导科学决策提供了重要参考，为推动经济社会发展和文化建设发挥了重要作用。

当前，中国特色社会主义进入新时代，全国地方志事业也进入新时代。如今的地方志事业围绕党和国家利益、经济社会发展，以人民为中心开拓创新，志、鉴、馆、史"四驾马车"并驾齐驱，志、鉴、馆、网、库、用、会、刊、研、史"十业并举"，加快实现在全国范围内全面推进地方志从一项工作向一项事业转型升级。在党中央、国务院的亲切关怀和各级地方志工作者的共同努力下，一批紧密结合社会发展需求、具有独特创造性的工作逐步开展，涵盖中国名镇志、中国名村志、中国名山志、中国名水志、中国名街志等"名志"系列文化工程是其中代表。作为首个"名志"系列文化工程的中国名镇志文化工程，启动于 2015 年，至今已是第三个年头。中国名镇志丛书在记述主体上，选择中国历史文化名镇、经济强镇、特色镇等在全国具有影响力和代表性的乡镇，旨在全面展示中国名镇的文化精髓；在内容题材选择上，重在突出不同名镇的“名”和“特”，力求集中体现不同名镇最精彩的部分，增强可读性；在志书编纂程序设置方面，志书申报、篇目设计、专家审读、专家组验收等流程环环相扣，紧密结合，力争把每一部志书都打造成精品佳志。

习近平总书记指出：“历史和现实都表明，一个抛弃了或者背叛了自己历史文化的民族，不仅不可能发展起来，而且很可能上演一场历史悲剧。”2018 年是改革开放 40 周年，40 年来中华大地发生了翻天覆地的变化，乡镇发生了极为深刻的改变，从粗茶淡饭到有机食品，从粗布衣裙到精美时装，从土屋平房到高楼大厦，人民生活水平大大提高，城乡差距不断缩小。然而，在感受辉煌成就的同时，我们也应该看到，许多精巧的古建、精湛的工艺、亲切的乡音、独特的乡俗也在快节奏的发展中与我们渐行渐远，曾经的家乡正逐渐变为记忆中的故园。

党的十九大报告提出乡村振兴战略，此后党中央、国务院又推出一系列重大举措。实施乡村振兴战略，必须全面加强乡村文化建设，培养乡村文化自信，培植文化之“根”，铸牢文化之“魂”。没有乡村文化的高度自信，没有乡村文化的繁荣发展，就难以实现乡村振兴的伟大使命。振兴乡村文化，既要塑形，更要铸魂，必须遵循乡村发展的客观规律，在发展中把文化的精髓保留下来，把乡土味道、乡村风貌的“魂”传承下去。在保留优秀乡村文化内核的基础上，用现代表现方式，把反映时代精神、先进理念的内容通过群众喜闻乐见的文化产品表达出来，才能够让乡土文化具有更强大的生命力。用创新性的模式书写乡镇志，传承和抢救乡土历史文化，激发爱国爱乡情怀，为探索中国特色新型城镇化发展经验、发展模式、发展道路提供历史智慧和现实借鉴，正是实施中国名镇志文化工程的目的和意义所在。

“月是故乡明”。中国人素有“家国情怀”，家乡的山水是最为美丽的，家乡的风俗是充满温暖的，一声亲切的乡音，一口熟悉的家乡菜，都能拨动游子的心弦，让其魂牵梦萦。中国名镇志丛书是一套全面梳理中国名镇历史人文，挖掘文化特色，突出“名”和“特”的镇志。它能让人民群众深刻感受到本土本乡自然的优美、历史的醇厚、人物的杰出、艺文的风雅等，有助于培养人民群众对家乡文化的自信，激发起人民群众浓烈的爱乡爱国情怀，助力国家新型城镇化建设和乡村振兴战略的实施。

是为序。

中国社会科学院院长
中国地方志指导小组组长　谢伏瞻

序二

连绵不断地编修地方志是我国特有的文化传统，为传承中华文明作出了巨大的贡献。在党中央、国务院的高度重视和支持下，这一古老的文化传统焕发勃勃生机，展现新的活力，成为保存、继承、发扬光大中华优秀传统文化的重要依托，培育和践行社会主义核心价值观的重要媒介，社会主义先进文化建设的重要组成部分，发展中国特色社会主义，增强道路自信、制度自信、理论自信的重要载体，在实现“两个一百年”奋斗目标和中华民族伟大复兴中国梦进程中具有不可替代的地位和作用。

事物总是在不断发展中前进。经过改革开放以来30余年的发展，中国特色地方志事业与传统的编修地方志已不可同日而语，形成了志（志书）、鉴（年鉴）、库（地情数据库）、馆（方志馆）、网（地情网站）、刊（期刊）、会（学会）、研（理论研究）、用（开发利用）等多业并举的新格局。截至2015年10月底，全国编纂完成首轮、二轮省、市、县志书8000多种，编修部门志、行业志、专业志、乡镇村志27000多种，编纂地方综合年鉴2300多种，累计整理旧志2500多种，还编纂出版了大量的地情书，字数以百亿计，形成以反映国情、地情为主要内容，全面系统、持续不断、卷帙浩繁的社会科学成果群。另外，还开通了27个省级网站、230个市级网站、816个县级网站；建成国家方志馆1个、省级方志馆16个、市级方志馆86个、县级方志馆近300个。这些成果，成为国家极为重要的文化资源，是国家文化软实力和公共文化服务体系的重要组成部分。

最近几年，地方志工作的触角在不断延伸，部门志、行业志、专业志、特色志、乡镇村志编纂方兴未艾，成为当前地方志事业发展新的增长点和亮点。特别是乡镇志，兴起了编纂热潮，从自发的民间行为逐渐过渡为政府组织的文化行为，有的省份以政府令形式将其纳入地方志编修范畴，像河南省还以省政府办公厅名义要求全省普修乡镇志。乡镇志并不是一个新生事物，据现有资料可考，宋代常棠所撰《澉水志》是现存最早的一部乡镇志。与省、市、县三级志书相比，乡镇志虽属小志，但意义却不小，特别是在当前国家全力推进新型城镇化建设的背景下，乡镇志的作用更显重要。

启动中国名镇志文化工程，是适应当前新型城镇化建设形势发展需要、地方志事业发展形势需要的重要举措，也是充分发挥地方志存史、资政、育人功能的重要手段。作为最基层行政组织的志书，镇志是最接近中国社会发展变迁的国情、地情记录文本，具有重要的历史文献价值。而作为充分反映本区域自然、政治、经济、文化和社会的历史与现状的资料性文献，镇志又能全面展示发展脉络，摸索发展经验，为探索中国乡镇未来发展方向提供借鉴和参考。当然，对于祖祖辈辈生于斯长于斯的中国人来说，故乡就是一个魂牵梦萦的地方，故乡的情怀终生难忘。留得住乡愁，记得住乡思，充分展示名镇文化魅力，激发爱乡、爱国情怀，正是中国名镇志文化工程题中应有之义。

是为序。

中国社会科学院原院长
中国地方志指导小组原组长　王伟光

序三

“国有史，邑有志”，中国自古就有注重编史修志的传统。按照我国目前地方志行政法规，国家各级地方志机构的法定职责是编纂省、市、县三级志书，并不包括县以下的乡镇志和村志。这种规定，一方面可能因为全国有数百万自然村落和数万乡镇，全部实行官修很难实现；另一方面可能因为我国历史上就有“皇权止于县”的说法，县以下的民间社会历来是一个以自治为主的领域。然而，改革开放几十年来，我国社会正在发生巨变，这种巨变在基层社会的乡镇、村落、家庭领域更为深刻。作为“乡之首，城之尾”的镇，逐渐被日益崛起的大都市淹没了光彩，村落在快速的城镇化过程中每天都在大量消失，农村家庭的小型化、空巢化趋势非常突出。在这种情况下，我一直在思考，如何留得住历史文化记忆和乡愁，如何把修志的工作向基层社会延伸？

中国人的“家国情怀”，是从“诚意、正心、修身”开始，到实现“齐家、治国、平天下”。所以从国家一统志，省、市、县三级志，到乡镇志、村志、家谱，也是一个完整的系统。

正是在这种背景下，我们决定启动中国名镇志文化工程。乡镇是无数中国人生命的底色和成长的摇篮。如何在城镇化进程中，留得住乡愁，记得住乡音，忘不了乡思，事关城镇化进程的人文关怀和文化保护，事关文化血脉的传承。同时，科学记录城镇化进程，反映城镇化成就，也为今后探索城镇化发展规律、积累经验提供了基本素材。作为全面系统记述一定行政区域的自然、政治、经济、文化和社会的资料性文献，志书是以上功能最好的载体。

我国目前有 4 万多个乡镇，全部修乡镇志还不具备条件。中国名镇志丛书选择的是传统文化名镇、历史军事重镇、革命历史名镇、民族特色名镇、特色经济名镇、旅游景观名镇等类型的乡镇，应该是最具代表性的，在中国乡镇文化传承和社会发展中具有标杆意义。

编纂中国名镇志丛书是对乡土历史文化的保护。随着城镇化进程加快，有不少乡镇被撤并，有些还是在历史上有重要意义的历史文化名镇、特色镇等。如不及时对其历史进行整理、记录，这些重要的历史资料将散佚殆尽。因此，中国名镇志丛书的编纂是对宝贵历史资料的抢救。

编纂中国名镇志丛书是对乡土意识的传承。什么东西有魅力？故乡的山水，乡音乡情的记忆，乡土的气息和家乡菜的味道，不管走到哪里，总是触动心弦。中国名镇志丛书记录的是家乡的山山水水，家乡的历史文化，家乡的风土人情，留住的是乡愁。这些最能激发远方游子和本地民众的爱乡情怀、爱国情怀。

编纂中国名镇志丛书是一种学术探索。镇志的编纂，实质也是一次深入的社会调查研究。“麻雀虽小五脏俱全”，相比省、市、县，乡镇第一手资料的获得需要付出更大的努力。我们也希望在志书编纂上有所创新，使中国名镇志丛书成为一套图文并茂、雅俗共赏的新型志书。

中国社会科学院副院长
中国地方志指导小组常务副组长 李培林

山东省东营市垦利区胜坨镇志编纂委员会

顾　问　杜金华

主　任　刘斯杰　马保文

副主任　张和森　高加夫　郭宗磊　逯乐进

委　员　王国元　王秀林　宋华锋　种玉洪
黄　振　宋金生

垦利区胜坨镇镇志编纂工作领导小组

组　长　黄　振

副组长　宋金生

成　员　魏克绪　陈文波　徐春芳　王春光
郝延平　冯光涛　陈海玲　王　菲

山东省东营市垦利区胜坨镇志审编人员

主　　审	张和森
副 主 审	郭宗磊
主　　编	种玉洪
副 主 编	陈学慧　宋慧峰
总　　纂	刘荣惠　王永华
编　　辑	郭本清　张乐忠　刘艳芳　陈　锋 张丽丽　李　玲　杨华清　代　阳 吕智强
特邀编辑	刘建国　徐秋明　宋占魁　张英士 崔　光
资料照片提供	刘文明　宁金德　华树祥　张建超 崔婷婷　杨孟飞　苗　勇

中国名镇志丛书凡例

一、以马克思列宁主义、毛泽东思想、邓小平理论、“三个代表”重要思想、科学发展观、习近平新时代中国特色社会主义思想为指导，坚持辩证唯物主义和历史唯物主义的立场、观点和方法，存真求实，全面、客观、系统记述中国名镇城镇化进程和改革开放成果，传承和抢救乡土历史文化，激发爱国爱乡情怀，留住乡愁，为探索中国特色新型城镇化建设、服务乡村振兴战略提供历史智慧和现实借鉴。

二、为全面反映入志事物发展脉络，各志上限追溯至事物发端，下限一般断至各镇志启动编修年份，个别重大事项可延至搁笔。详今明古，着重反映时代特色和地方特点，重点体现各镇的“名”与“特”。

三、记述地域范围以下限年份的行政辖区为主。为体现名镇在更大区域内的意义，可以从更开阔的区域视野记述与该镇相关的内容。

四、统一采用纲目体，设类目、分目、条目三个层次。横排门类，纵述史实，述而不论。

五、综合运用述、记、志、传、图、表、录等各种体裁，以志体为主。体裁运用适当创新，篇目设置不求面面俱到，一般意义上的乡镇级内容略去不载。

六、除引用文字和附录文献资料外，统一使用规范的现代语体文记述，行文力求朴实、严谨、简洁、流畅、优美，具有较强可读性。

七、人物部类遵循“生不立传”原则，人物传主按生年排序，只选录对本镇发展有重大影响的人物，不面面俱到。

八、各项数据一般采用国家统计部门数据。数据缺乏的，采用主管部门或主办单位正式提供的数据。

九、数字用法、标点符号、计量单位分别执行国家标准《出版物上数字用法》（GB/T 15835—2011）、《标点符号用法》（GB/T 15834—2011）、《国际单位制及其应用》（GB 3100—1993）和《有关量、单位、符号的一般原则》（GB 3101—1993）。历史上使用的计量单位，如斗、石、里、尺、磅、华氏度等，在引文时可照录。考虑到社会使用习惯，全书中亩不统一换算。

十、中华民国成立前的纪年，使用朝代年号纪年，括注公元年份；中华民国成立后的纪年，均使用公元纪年。志中所称“解放前（后）”，以该镇解放日为界；“新中国成立前（后）”，以中华人民共和国成立日 1949 年 10 月 1 日为界；“改革开放前（后）”，以 1978 年 12 月中共十一届三中全会召开为界。本志“××年代”，凡未加世纪者，均指 20 世纪。

十一、为节省篇幅，避免重复，本志采用条目互见法。参见条目的表示形式为：参见本志“××类目·××分目·××条目”。

十二、对旧志、古籍中的繁体字、冷僻字一般用简化字或通用字替换，易引起误解的则保留。

十三、记述各个历史时期的党派、机构、职务、地名等，均以当时的名称为准。对频繁使用的名称，首次用全称并括注简称，其后用简称。

十四、各镇志需要单独说明的事项，均在各自编纂始末中记述。

胜坨镇在中国的位置

新疆维吾尔自治区
乌鲁木齐
西藏自治区
拉萨
青海省
西宁
甘肃省
兰州
内蒙古自治区
呼和浩特
宁夏回族自治区
银川
黑龙江省
哈尔滨
吉林省
长春
辽宁省
沈阳
北京
北京市
天津市
天津
河北省
石家庄
山西省
太原
陕西省
西安
河南省
郑州
山东省
济南
垦利区
胜坨镇
江苏省
南京
上海
上海市
安徽省
合肥
浙江省
杭州
湖北省
武汉
四川省
成都
重庆市
重庆
湖南省
长沙
江西省
南昌
福建省
福州
贵州省
贵阳
云南省
昆明
广西壮族自治区
南宁
广东省
广州
香港
澳门
海南省
海口
海南岛
台湾省
台北
台湾岛
钓鱼岛
赤尾屿
东沙群岛
西沙群岛
永兴岛
中沙群岛
黄岩岛
南沙群岛
曾母暗沙
渤海
黄海
东海
南海
黄河
长江
图例
北京 首都
天津 省级行政中心
未定 国界
省、自治区、直辖市界
特别行政区界
名镇(乡)所在区域
名镇(乡)
1：32 000 000
审图号：GS（2018）5807号

胜坨镇在山东省的位置

图　例

符号	说明
济南	省级行政中心
济宁	地级市行政中心
肥城	县级行政中心
	省界
	未定省界
	地级界
	名镇(乡)所在区域
	名镇(乡)

1∶3 350 000

审图号：GS（2018）5807 号

胜坨镇地图

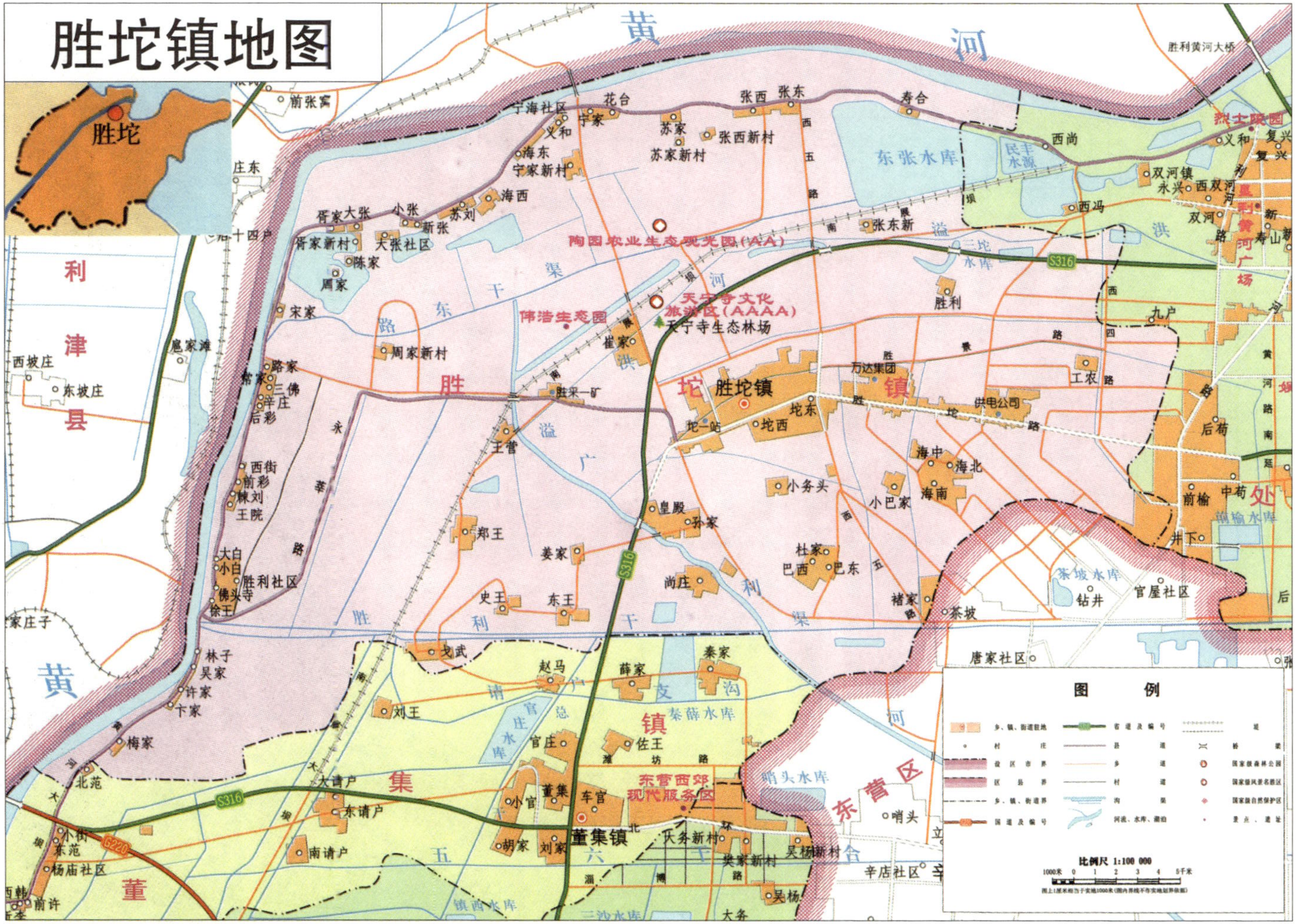

审图号：鲁 SG(2015)133 号

黄河入海（1997 年）

油区晚霞（2015 年）

胜坨精细化工园之夜（2012年）

中国石油工业史上第一口日产千吨井——坨 11 井（2013 年）

目录

河海明珠　秀美胜坨

胜坨镇位于黄河三角洲之顶端，亦是胜利油田发祥地，堪称北方鱼米之乡，黄河滩区小麦等农产品誉满京津。胜坨镇工业因油而兴，并持续实施“工业强镇”战略，涌现出中国万达集团等一批大型企业，成为全镇经济支柱。境内以石油文化、黄河文化、移民文化等多种特色文化为内涵的生态、特色文化旅游业正蓬勃兴起。2015年，胜坨镇被评为中国美丽乡村建设示范镇。

宜居城区（2015 年）

胜坨镇隶属山东省东营市垦利区（2016 年 8 月，撤垦利县，设立垦利区），位于垦利区西部，东与垦利区垦利街道接壤，西、北两面与山东省利津县隔河相望，南与垦利区董集镇、东营区辛店街道毗邻，辖区面积约 181 平方千米。黄河依境东去，流经镇域长 25.5 千米，临黄大堤势如蛟龙，险工埽坝鳞次栉比，为扼黄河东奔入海之最后关隘。316 省道贯穿全境，六干渠、路东干渠、路南干渠横亘东西，胜利引黄闸、路庄引黄闸、章丘屋子泄洪闸、东张水库坐落镇内，广利河、溢洪河起源于境内直达渤海，区位交通优势明显，基础设施体系完备，自然与人文景观独特。胜坨镇历史悠久，经济发达、文化繁荣、社会稳定、生态良好，人民安居乐业，为黄河尾闾、渤海岸边之经济重镇、宜居名镇、旅游强镇。

西汉末年，境域尚淹没于渤海之中。新王莽始建国三年（11），黄河由青州郡千乘河口（时利津县东南境）入海，黄河泥沙不舍昼夜淤积，历经千余载，至北宋此地遂脱海成陆。宋金起，境内渐有村落形成。明洪武、永乐年间，官府自山西洪洞、北直隶枣强等县，分批移民至此定居垦荒，遂形成最早的 43 个村庄。宋代，境域属河北东路滨州渤海郡渤海县，金明昌三年十二月（1193 年 1 月）至 1956 年 3 月前属利津县。1956 年 3 月后划归广饶县，1961 年复归利津县，1964 年 11 月划归垦利县。

今之胜坨镇由原胜坨镇、宁海乡、胜利乡合并而成。1966 年 7 月，胜坨人民公社从董集区析出，宁海区拆分出宁海和辛庄两人民公社。1982 年 4 月，辛庄人民公社更名胜利人民公社。1984 年，胜坨、宁海、胜利三公社改社建乡。1994 年，胜坨撤乡设镇，宁海、胜利两乡建制未变。2001 年 2 月，垦利县行政区划调整，将宁海乡、胜利乡并入胜坨镇。至 2016 年年底，胜坨镇辖 59 个行政村，镇域常住人口 85036 人。

胜坨镇为胜利油田发祥地，油区重镇。胜利油田的开发建设为胜坨镇的经济和社会发展提供了机遇与支持，形成共驻共建、共兴共荣的和谐“油地”关系。境域地下蕴藏着丰富的石油、天然气资源，建有胜坨、宁海两个油气田，为胜利油田的主产区之一。1964 年 5 月，坨庄—胜利村构造勘探会战拉开序幕，仅 9 个月时间，探明山东境内第一个油田——胜坨油田。1965 年 1 月 25 日，32120 钻井队在境内钻探的坨 11 井试油，日产原油 1134 吨，为中国第一口日产量超千吨级油井，胜利油田因此得名。自开发起至 2016 年，胜坨向油田累计出让土地 2660 余万平方米，境内累计开采原油 2 亿多吨，天然气 80 多亿立方米。境内驻有胜利油田二、三级单位 35 个，暂住人口 2 万多人，建有油、气、水井 5000 余口。

胜坨镇为油田开发和油田职工生活提供了坚强支持和保障。自油田开发之始，胜坨镇及所属村庄服从服务于油田开发建设，牢固树立“地上服从地下，农田服从油田”的大局观念，坚持“油区治安重中之重”方针，探索形成乡包矿、村包队、人包井和定岗位、定人员、定职责、定奖惩“三包四定”油区生产治安防范典型经验做法。自 1997 年始，胜坨镇和油田经济发展合作更趋密切，镇内探索出工农联心、治安联防、设施联建、生产联营、资金联股和人才联用的工农共建“六联”路子，2006 年，又形成观念上抓共识、组织上抓落实、队伍上抓网络、管理上抓规范、治理上抓联动和共建上抓实效

油区晨景（2015 年）

的“六抓促六联”发展思路，形成稳固的油地共驻共建共荣之势，胜坨镇也因此成为创建全国安全文明油区先进乡镇，被誉为“全国企地共建的一面旗帜”。

胜坨镇是山东省工业重镇，也是山东省民营经济最为活跃的区域之一。因地处黄河三角洲高效生态经济区和山东半岛蓝色经济区两大国家战略叠加区核心部位，山东半岛经济区和京津冀经济区结合区重点部位，同时又处于环渤海湾经济圈与黄河流域经济带交会焦点上，发展工业具有得天独厚的资源优势和区位优势。20世纪80年代后，胜坨镇围绕服务油田上项目，一批管道铺设、建筑安装等乡镇企业应运而生，乡镇企业一跃成为经济支柱。至90年代末，镇内工业企业发展模式实现由劳动密集型向科技密集型转变，涌现出中国万达集团、胜通集团、东辰集团等一批大型企业集团。2000年，胜坨工业园设立，随后一大批高科技工业项目落户园区，工业产品形成化工、机电、建材、生物工程、新材料等多个门类。2008年12月，该园区被商务部命名为中国精细化工出口基地。2010年始，胜坨镇坚持实施“工业强镇”战略，率先走出“产学研”结合之路，工业实现管理由传统向现代化和科学化、市场由面向油田向面向国内国际、企业经营由独家经营向强强联营的转变，企业市场竞争力、经济综合实力明显增强。中国万达集团、胜通集团、东辰集团相继跨入中国制造业企业、中国企业、中国民营企业等行业500强行列。2006年、2008年，胜坨镇先后入选全国小城镇综合发展水平1000强和中国乡镇综合实力500强。2014年，全镇拥有工业企业180家，规模以上企业52家，工业企业总产值突破1000亿元，实现跨入全省镇域经济综合实力第一方阵的奋斗目标。2014年、2015年，胜坨镇又分别获得了“中国生态强镇”和“中国最具潜力绿色经济发展城市”称号。2016年年底，全镇工业企业173家，规模以上企业48家，工业企业总产值突破1035.69亿元。

胜坨镇是近代黄河三角洲的顶点所在地。清咸丰五年（1855），黄河于河南铜瓦厢（今河南省兰考县境）决口，北夺大清河河道入渤海，再次流经此地，继续冲积形成近代黄河三角洲，其范围是以境内宁海为顶点，北起套尔河口，南至支脉沟口的扇形淤积地区，陆地面积约5400平方千米。因此，胜坨镇土地、淡水等自然资源都相对比较丰富，环境生态系统独特，为产业兴起发展奠定了坚实基础。2016年，全镇拥有耕地面积56平方千米，未开垦土地22平方千米。地表淡水资源除自然降水外，还有充沛的黄河水资源，地下水虽然矿化度较高，但具有良好的开发前景。境内黄河滩区小麦获国家地理标志商标认证，黄河口大米、黄河刀鱼、黄河鲤鱼享有盛名。

绿水绕城（2015 年）

胜坨镇立足优越的生态自然条件，致力发展高效生态农业、生态文化旅游业，打造生态文明典范镇。2012 年起，胜坨镇按照“优势产业区域化、特色产业优质化、基地建设标准化”的发展思路，全面实施黄河三角洲高效生态经济区国家战略，建设集特色种植、养殖、繁育、加工于一体的生态农业示范园区，打造形成“一库、两基地、三园、五区”的农业园区发展新格局。着重推进建设黄河滩区一千公顷粮棉高效生产区、宁海展区六百公顷无公害水稻区等高效生态农业种植示范区，逐年提升完善淡水养殖休闲度假长廊设施，规划建设万亩黑牛养殖基地、三十公顷名贵苗木基地、二十公顷畜牧养殖小区，大力发展高效、生态、特色农业。

胜坨镇抓住东营市中心城北扩的契机，着力打造黄河三角洲新型生态精品城镇。2004 年 6 月起，深化确立“对接县城、南融西城，突出工业主导，突出田园风光，服务、辐射社会主义新农村建设”的小城镇建设思路，定位“东营市西城后花园”和“黄河三角洲上的生态工业园”的建设目标，大力实施道路等城镇基础设施建设，全面推进建设城镇化战略。2005 年 3 月，胜坨镇被国家发改委确定为第一批全国发展改革试点小城镇。2008 年后，胜坨镇以“率先建成生态文明典范强镇、率先全面建成小康社会”统揽全局，抢

抓“黄蓝”国家战略实施、山东省百镇建设示范行动和东营市试点强镇建设三大机遇，按照“西居、东工、北优、南展”四方发展战略，采取“农业立镇、工业强镇、旅游活镇、油地共建、统筹兴镇”五大举措，全面加快新型城镇化推进步伐。集中力量构筑“四横四纵”道路体系，推进西四路与丰收路北延、合益路南延、胜景路东延和胜兴路、永兴路、永莘路西延等道路改造工程，完成中心镇区“南扩一格”道路建设，继而实施西五路、西八路北延和德州路改造工程，全力拓展城镇发展空间。按照“以城带乡、区域联动、整体推进”的思路，推进胜坨镇城区村迁村并点工程建设步伐，构筑新型农村社区，先后实施胜利社区、坨东坨西“两坨”迁村并点和东辰佳苑、胜通丽景、公租房等集中居住片区建设。同时，实施垃圾中转站、污水收集管网、供电供暖线网、燃气管道改造等工程建设，一个环境优美、宜居宜业、富有现代化气息的新型城镇崛起在黄河岸边。2006年，胜坨镇被建设部、文化部评为全国“最适宜人居名镇”，2013年，获“山东省产业化驱动城镇化十强镇”称号，2014年，被评为“中国生态强镇”。

胜坨镇依托黄河、石油、工业等历史文化、革命文化和现代文化、遗址遗迹资源，发展区域特色文化旅游业。建设天宁寺文化旅游区、特色庄园和集休闲、垂钓、观光、

镇区俯瞰（2015 年）

餐饮于一体的高效生态农业示范区，拉长接齐农旅结合的产业链条，已形成一批体现黄河风情和地域特色的田园综合体和旅游景点设施，实现了旅游业的突破发展，成为镇域经济新的增长点。2013 年，胜坨镇被评为“好客山东最美乡村”“中国最美村镇”。2015 年，胜坨镇获“中国美丽乡村建设示范镇”称号。

基本镇情

胜坨镇坐落于黄河三角洲冲积平原之上，沃野平畴，阡陌纵横。交通北达京津冀，南达江浙沪，九州通衢。东临渤海，古为瓷器转运商埠，海上丝绸之路起始点之一。西望中原腹地，承接黄河文化之文明。地处温带季风气候区，四季分明，气候宜人，自然灾害较少，生态环境良好。该镇得黄河之利，盛产粮棉，畜牧、水产等业发达。工业因油而兴，成为全镇经济支柱，商贸服务业持续繁荣，位列全国小城镇综合发展水平 1000 强。境内民风淳朴，尚文重教，社会安定，人民安居乐业。

区位　交通

区位　胜坨镇位于近代黄河三角洲顶端，山东省东营市垦利区西部。东与垦利区垦利街道接壤；西、北两面背倚黄河，与山东省利津县隔河相望；南与垦利区董集镇、东营区辛店街道毗邻。地理坐标为北纬 37°29′ ~ 37°36′，东经 118°17′ ~ 118°30′。镇直机关驻地坨庄，距垦利区城区 10.5 千米，距东营市中心城东、西城分别为 25 千米和 6.5 千米，距东营火车站 7.3 千米，距胜利机场 24 千米。境域面积约 181 平方千米，最大横距 26 千米，最大纵距 22 千米。地势呈扇形微倾之势，西北高、东南低，平均海拔（黄海高程）11.61 米。

交通　明清至新中国成立初期，境内有两条过境交通要道，分别连接胶东与京津、蒲台县（1956 年 3 月撤销）与海铺。一条从东南皂（今寿光市北部）入境，沿西北方向，经境内海中、海北两村接合处向西北再经宁海村东出境，是通向北京的“驿道”，因为官府所辟，又称“官道”。每十里修一水井，每百里左右设一驿馆，供官家过往食宿。据传，明永乐年间（1403—1424），此道是明成祖朱棣为将山东东南部的土特产供往京城而专置的驿道。清末民国初，受军阀割据及连年征战影响，这条官道逐渐被废弃。另一条是由蒲台县北入境内，经林子、小白、三佛殿、常家、宁海等村出境，通往东边渤海海铺的道路，是境内人们去海边捕鱼、进行海上贸易活动的主要通道，古称“海道”。1964 年，因开发种植水稻而被废弃。

新中国成立后，随着胜利油田的大规模开发建设，境内道路建设速度加快，逐步形成由省道、县道、乡村道、油田生产路构成的四通八达的交通公路网络。至 2016 年，境内有过境省道 2 条，连接东营市中心城西城道路 2 条，分别为永莘路、胜兴路及西四路胜坨段、西五路胜坨段。永莘路（316 省道）东起垦利区永安镇，中经垦利区城区、胜坨镇、董集镇、利津黄河大桥，西入滨州市境，至莘县。此路在境内路段经原胜坨乡，至胜利乡刘家夹河渡口段。2001 年，其境内走向调整为经胜坨—董集—利津黄河大桥，原胜坨乡至胜利乡刘家夹河路段改为县级道（境内称胜利路）。胜兴路（省道）西出垦利区城区，入胜坨境，至皇殿村西接入永莘路路段，长 14.8 千米。东营市中心城西四路胜坨段是市属重点工程，是胜坨镇连接东营市中心城西城区的主干道之一，全长 7.75 千米。东营市中心城西五路胜坨段，起自东营区北二路，向北跨越广利河后，继而向西北延伸，最终与胜坨镇坨东路对接，道路全长 5.8 千米，为胜坨镇至东营市中心城西城区的又一条大动脉。

永莘路（316 省道）（2012 年）

建置

区划沿革 金明昌三年十二月（1193 年 1 月），置利津县，此时境域属利津县。清光绪九年（1883），利津县设四乡，境域属务本乡，乡下设境，境下设村。时务本乡辖 14 境 117 村。清末至 1930 年，利津县将四乡改为四区，务本乡为二区。1931 年实行区自治制，各区成立自治区公所。1944 年 8 月，利津县全境解放，后设 6 个区，境域仍属二区。1948 年，利津县调整区划，区下设乡。境域所在区域设置为徐王区和宁家区。徐王区辖请户、三范、杨庙、大王、胡刘、王王、董官、徐林 8 个乡，区公所驻地徐王庄；宁家区辖路安、共和、西张、临河、郑王、义和、宁家、和平、新民、寿和 10 个乡，区公所驻地宁家庄。

1950 年 8 月，利津县各区改为按顺序称名。徐王区改称二区，区公所迁至南请户村（今属董集镇），宁家区改称四区，区公所驻地未变。1955 年 12 月，二区改称董集区，区公所驻地官庄。四区改称宁海区，区公所驻地未变。1956 年 3 月，董集区、宁海区划归广饶县，合并为董集区，区公所驻地尚庄。1961 年 10 月，董集人民公社、宁海人民公社又划归利津县。1963 年 9 月，恢复区的建制，董集和宁海两人民公社改称为董集区和宁海区，区以下设公社。董集区机关驻地官庄村，宁海区机关驻地迁至宁家村。

1963 年董集区、宁海区所辖公社及村庄情况表

表 1

区名称	区驻地	公社名称	公社驻地	所辖村庄
董集区	官庄村	杨庙	前许村	前许、后许、东韩、西韩、杨庙、北范、东范、南范、郑家、石家、邱家、小王、大王、七里井、新李、宋王、罗家、窑盖、大庄盖、崔家、小街、坡程
		请户	东请户村	大请户、南请户、东请户、刘王
		董集	官庄村	官庄、车宫、胡家、小官庄、刘家、董集、左王

续表 1

区名称	区驻地	公社名称	公社驻地	所辖村庄
		薛家	后薛村	前薛、后薛、秦家、东王、西王、姜家、史王、赵马
		尚庄	尚庄村	尚庄、皇殿、孙家、巴家集、杜家
		坨庄	坨庄村	坨庄、小务头
		小宁海	小宁海村	胜利、小巴家、茶坡、小宁海、褚家
宁海区	宁家村	宁海	海东村	宁庄、海东、海西、苏刘、花台、义和
		三佛	三佛村	王院、棘刘、后彩、西街、辛庄、三佛、路家、常家、前彩
		徐林	林子村	梅家、卞家、许家、吴家、林子、徐王、佛头、大白、小白
		东张	东张村	苏庄、西冯、东张、寿和、西尚
		王营	王营村	戈武、崔家、郑王、王营
		西陈	陈家村	周家、陈家、胥家、宋家、大张、小张

1964 年 11 月，董集区、宁海区划归垦利县。1966 年 7 月，撤销董集区，设董集人民公社和胜坨人民公社，机关分别驻官庄和小宁海村；撤销宁海区，设宁海人民公社、辛庄人民公社，机关分别驻宁海村和辛庄村。1968 年 4 月，胜坨人民公社机关迁驻坨庄，1978 年，辛庄人民公社机关迁驻胜利引黄闸南侧，1982 年改称胜利人民公社。1984 年 7 月，撤社设乡，建制未变。1994 年 3 月 29 日，胜坨乡撤乡设镇。2001 年 2 月 10 日，垦利县调整乡镇行政区划，宁海乡、胜利乡并入胜坨镇。至 2016 年，区划未调整。

村庄 明初，朝廷推行“移民就宽乡”民垦政策。官府自山西洪洞、北直隶枣强等县分批移民到此境定居垦荒，遂形成最早的 43 个村庄。之后，部分住户为方便种地或躲避黄河决溢灾害另立新村，另有周边县部分民户迁至境内定居建立新村。至 2016 年年底，胜坨镇辖 59 个行政村。

2016 年胜坨镇各村情况略表

表 2

村　名	村名由来	人口数（人）	主要姓氏
坨西村	据《张氏家乘》记载：明洪武二年（1369），始祖宽公由北直隶枣强县迁此立村。因地势较高故称“坨坨庄”，后简称“坨庄”。1960 年，按所处方位分成坨西、坨南、坨东三个大队。1984 年，分别建坨西、坨南、坨东村民委员会	1960	张、车、王、李、柳、秦、盖、杨、薛、尚、宋、陈、郑、沪、胥、许、宁、周、杜等
坨南村		1698	张、王、于、周、杨、付、庞、孙、范、程、秦、花、蔡、尚、崔、褚、薛、商、李、许等
坨东村		2079	李、张、许、胡、陈、徐、盖、王、巴、田、车、尚、孙、崔、苟、谷、周、刘、薛、高、武、邢、董、秦、吴、宫等

续表 2

<table>
<tr><th>村 名</th><th>村名由来</th><th>人口数（人）</th><th>主要姓氏</th></tr>
<tr><td>胜利村</td><td>1945 年，宋家村宋氏、陈家村陈氏部分村民迁此立村，因新建村故名“新安”。1958 年，以嘉言更名为“胜利村”。1961 年立胜利大队，1984 年建胜利村民委员会</td><td>410</td><td>宋、周、陈、刘、崔、李、张、寇、殷、路、胥等</td></tr>
<tr><td>工农村</td><td>1947 年，村址在本境北大荒水库处。1952 年，因黄河溢洪搬迁至郑洼地片建村，故得村名“郑洼”。1966 年，因与油田工农关系密切，故更名为“工农村”。是年，立工农大队，1984 年建工农村民委员会</td><td>510</td><td>张、王、胡、黄、巴、李、郭、董、刘、陈、高、路、许、宋、盖、魏、朱、周、扈等</td></tr>
<tr><td>海北村</td><td rowspan="3">明洪武二年（1369），苟大玄自山西洪洞县、苟福来自北直隶枣强县迁此建村，因依水傍海，村民为祈求安宁，故以吉祥嘉言命名为“小宁海”。1961 年，按所处方位分成海北、海中、海南三个大队，1984 年，分别建海北、海中、海南村民委员会</td><td>1045</td><td>苟、张、王、李、董、孙、郑、牛等</td></tr>
<tr><td>海中村</td><td>1312</td><td>苟、张、王、李、刘、秦、左、盖、董、巴、程、杨、黄、薛、周、傅、邵、尚、曹、宋等</td></tr>
<tr><td>海南村</td><td>1644</td><td>苟、李、张、巴、王、陈、杨、刘、周、梁、唐、董、孙等</td></tr>
<tr><td>小务头村</td><td>明洪武二年（1369），刘进从北直隶枣强县迁此倚海立村，此地有一小码头，故名“小码头”。后渐以方言音衍化为“小雾头”进而“小务头”。1960 年立小务头大队，1984 年建小务头村民委员会</td><td>742</td><td>刘、王、孙、苟、盖、赵、尚、周、杨、许、巴、杜、唐、崔等</td></tr>
<tr><td>小巴家村</td><td>明洪武二年（1369），巴良岱从北直隶枣强县迁此立村，时因村庄规模较小，故名“小巴家”。1961 年立小巴家大队，1984 年建小巴家村民委员会</td><td>671</td><td>巴、王、于、吴、张、李、薛、周、赵、苟等</td></tr>
<tr><td>皇殿村</td><td>明洪武二年（1369），王三从东昌府临清县迁此荒洼处，并以嘉言得名“王家庄科”。传说，曾有一皇帝巡海到此，突遇狂风暴雨大作，于村前寺内躲避风雨。事后，皇帝便赐村名“皇殿”。1958 年立皇殿大队，1984 年建皇殿村民委员会</td><td>1459</td><td>王姓为主，还有董、薛、刘、李、乔、黄、尚、秦、盖、张、巴等</td></tr>
<tr><td>孙家村</td><td>明洪武二年（1369），傅氏从北直隶枣强县迁此建村，因尖氏早已在此居住，取名“尖傅小庄”。清朝时，孙克威从博兴县王文庄迁入，又更名“孙家”。1958 年立孙家大队，1984 年建孙家村民委员会</td><td>969</td><td>孙、尖、傅、周、赵、刘、高、董、薛、尚、李、巴、胡、秦、夏、于、苟等</td></tr>
<tr><td>姜家村</td><td>明洪武二年（1369），姜保、姜命、姜格、姜佑兄弟四人从北直隶枣强县迁此建村，故得名“姜家庄”。1958 年立姜家大队，1984 年建姜家村民委员会</td><td>276</td><td>姜、周、李、孙、尚、王、巴、张、董等</td></tr>
</table>

续表 2

村　名	村名由来	人口数（人）	主要姓氏
杜家村	明洪武二年（1369），杜慎憷自北直隶枣强县迁此建村，故名“杜家”。1958 年立杜家大队，1984 年建杜家村民委员会	292	杜、王、孙、李、刘、苟、尚等
巴西村	明洪武二年（1369），巴景威、巴景亮、巴景义兄弟三人由北直隶枣强县迁此建村，始称“巴家屋子”。后因村有集市改名“巴家集”。1958 年按所处方位分别立巴西、巴东两个大队。1984 年建巴西、巴东村民委员会	1457	巴、张、王、李、赵、孙、董、薛、宋等
巴东村		1567	巴、王、刘、孙、李、宋、张、周、杨、陈、赵等
尚庄村	明洪武二年（1369），尚伯岗从山西洪洞县迁此建村，故名“尚家庄”。1958 年立尚庄大队，1984 年建尚庄村民委员会	2134	尚、巴、张、孟、王、周、李、薛、孙、牛等
褚家村	明洪武二年（1369），褚印虎自北直隶枣强县迁此建村，故名“褚家”。1961 年初立褚家大队，1984 年建褚家村民委员会	566	褚、王、杨、张、樊、陈、邢、苟等
史王村	最早（时间失考）有史氏、王氏农户在此居住，始称“史王屋子”。到明洪武二年（1369），李尚可、李尚印从山西洪洞县迁此居住，渐成村落。1958 年立史王大队，1984 年建史王村民委员会	458	李、高、王、魏等
东王村	明洪武二年（1369），王友然、王友直兄弟二人从山西洪洞县迁至益都青州府后分发至此建村，故得名“王王庄”。后按方位分称“东王庄”“西王庄”。1956 年并村称“王二庄”。1958 年立王二庄大队，1962 年更名为东王大队，1984 年建东王村民委员会	1003	王、刘、孙、周、薛、胡、董、崔、高、秦等
花台村	清光绪年间（1875—1908），许祥等村民自宁海迁至其东偏南安居，始称“南屋子”。1944 年，又有刘氏、许氏等部分村民从宁海迁此，正式建村。因地势高又长有花树，而得名“花台”。1958 年立花台大队，1984 年建花台村民委员会	359	宁、李、纪、刘、许、齐、陈、杨、张、胡、徐、盖、董等
宁家村	最早有祁氏、陶氏农户在此居住。明洪武二年（1369），宁熙自山西洪洞县迁此形成宁家庄。故有“先有祁家井，后有宁家庄”之说。1958 年立宁家大队，1984 年建宁家村民委员会	2825	宁、周、于、田、丰、薛、杨、苏、宋、吴、赵、任、郑、谢、冯、纪、邢、薄、董、綦、许、高、尚、胡、隆、刘、胥、崔、陈、李、张、王、徐、郭等
苏家村	清乾隆四十七年（1782），苏宝全、苏宝林兄弟二人，自广饶县六户村（今属东营区）迁此南北两处安居，称“苏家庄”。1958 年立苏家大队，1984 年建苏家村民委员会	1008	王、吴、刘、盖、张、尚等

续表 2

村 名	村名由来	人口数（人）	主要姓氏
张东村	清康熙年间（1662—1722），张易从寿光县桃尔张迁此居住，时因在“张家庄”东，故得名“东张家庄”。1961 年，按方位分立张东大队、张西大队，1984 年，分别建张东、张西村民委员会	2063	张、马、王、冯、闫、朱、刘、李、宋、陈、杨、尚、吴、岳、郭、高、唐、曹、盖、黄、崔、韩、薄、霍、邢、苏、寇、董、宁、庄等
张西村		1969	张、王、杨、刘、尚、闫、李、马、陈、胡、董、薛、赵、周、冯、谷等
寿合村	1947 年，章丘县一农户在此种地，始称“章丘屋子”。后又有寿光、博兴和垦利县董集等地的农户迁入，因寿光迁民居多，又取合为一村之意，遂改名为“寿合”。1958 年立寿合大队，1984 年建寿合村民委员会	464	张、王、李、赵、刘、盖、薛、岳、宋、陈、尚、巴、薄、崔、宫、隆、高、潘、叶等
义和村	明初，纪兴旺从浙江杭州府仁和县狮子胡同迁此建村，名“纪家庄子”。明洪武二年（1369），冯氏自北直隶枣强县迁居纪家庄子西建村，称冯家庄子，因两村相近，故又称纪冯村。1929 年 8 月黄河决口，薛家庄子、新河村、十六户、冯家庄子诸村灾民迁入，为示团结，以嘉言改名为“义和”。1958 年立义和大队，1984 年建义和村民委员会	1004	纪、冯、刘、李、薛、张、王、商、卞、韩、孙、周、唐等
海东村	清康熙四十一年（1702），有刘、王、张、许、邢、周、薛诸姓氏，自乐安县刘家、博兴县黄店迁聚于此倚海建村，取名“凝海”，后渐演变为“宁海”。1959 年按方位分为“海东”“海西”两个村，亦统称“宁海”。1966 年立宁海大队，1984 年分别建海东、海西村民委员会	1129	刘、王、张、许、邢、周、薛等
海西村		1572	张、王、李、刘、周、崔、郑、寇、郭、于、董、成、吴、胡、黄、左、何、薛、季等
苏刘村	明永乐年间（1403—1424），刘氏从山西洪洞县迁此建村，因规模小而得名“小刘庄”。清光绪二十六年（1900），有张氏从乐安县张家屋子迁此立村，因规模较小且村后有一苏庙而得名“小苏庄”。1956 年，小苏庄、小刘庄合并命名为“苏刘”。1958 年立苏刘大队，1984 年建苏刘村民委员会	1185	王、张、刘、胡、吴、高、曹、许、冯、黄、崔、盖、宋、薛等
新张村	1979 年，因黄河南展宽工程大张村搬迁，部分村民暂安置在小张村房台东部。后为管理方便建村“新张”。1984 年建新张村民委员会	577	马、王、宁、孙、成、李、许、刘、朱、闫、张、吴、宋、陈、呙、周、郑、苗、胥、郭、胡、赵、耿、徐、寇、黄、崔、董、葛、薛等
小张村	清雍正八年（1730），张盾从利津县迁居西张家庄的东北建村，时因村小，故得名“小张”。1958 年立小张大队，1984 年建小张村民委员会	720	张、刘、杨、赵、李、陈、邢、魏、宁、王、唐、苗、徐、许、崔、董等

续表 2

村　名	村名由来	人口数（人）	主要姓氏
大张村	明洪武元年（1368）前，此地有邵氏农户居住，故得名“邵家坡”。明洪武二年，张端自北直隶枣强县张家楼迁居“邵家坡”，遂后改称“张家庄”。清康熙二年（1663），因村位于东张家庄西，故更名为“西张家庄”。后又因规模比邻村小张大，故更名“大张村”。1958 年立大张大队，1984 年建大张村民委员会	1148	张、许、王、刘、吴、卜、寇、赵、杨、李、宋、胥、孙、桓、呙等
陈家村	明洪武年间（1368—1398），陈友功自山西洪洞县迁此建村，故得名“陈家”。陈姓之前张氏在此居住，故有“先有坐地张，后有陈家庄”之说。1958 年立陈家大队，1984 年建陈家村民委员会	602	陈、宋、刘、闫、孟、寇、李、周等
胥家村	明洪武二年（1369），胥时成、胥友成兄弟二人由江南江宁府江宁县迁至利津县城南居住建村，取名“胥家庄”。1958 年立胥家大队，1984 年建胥家村民委员会	441	胥、闫、周、王、宋、赵、许等
周家村	明洪武二年（1369），周英、周雄、周豪、周杰兄弟四人自山西洪洞县迁此建村，名“周家”。1958 年立周家大队，1984 年建周家村民委员会	896	周、许、张、崔、徐、陈、王、宋、李、程等
宋家村	明洪武五年（1372），宋升、宋焕兄弟二人从河南归德府商丘县虎丘村迁至大清河东岸建村，故得名“宋家滩”。清咸丰五年（1855）黄河入大清河冲滩，遂改名“宋家村”。1958 年立宋家大队。1984 年建宋家村民委员会	1113	宋、陈、刘、崔、张、赵、黄、程、李、武等
崔家村	明永乐十年（1412），杨氏、路氏由北直隶枣强县迁此居住，后又有崔、张、吴等姓氏迁此居住，始称“崔家屋子”。1958 年立崔家大队，1984 年建崔家村民委员会	3255	崔、吴、李、张、王、马、许、尚、宁、胥、刘、杨、董、牛、周、宋、陈、冯、苗、国、路、程、胡、华、纪等
王营村	清道光十四年（1834），王振芳、王振元兄弟二人从东王村迁来居住，始称“王家屋子”，后又有同村王德龙等户为种地便利亦迁此处居住，后渐成村落，后称“王家营子”。1958 年立王营大队，1984 年建王营村民委员会	732	王、姜、李、华、张、路、宋、刘等
林子村	明洪武二年（1369），张氏农户自北直隶枣强县迁此居住建村，后有刘氏四兄弟相继迁入，时因居地周围树木繁生成林，故名“林子”。1958 年立林子大队，1984 年建林子村民委员会	1232	刘、张、王、李、杨、尹、曹、崔、孟、盖、董等
吴家村	明洪武二年（1369），吴均、吴公兄弟二人自北直隶枣强县迁此建村，故名“吴家”。1958 年立吴家大队，1984 年建吴家村民委员会	221	张、李、王、刘、吴、蔡等

续表 2

村　名	村名由来	人口数（人）	主要姓氏
许家村	明洪武二年（1369），许氏农户自北直隶枣强县迁此建村，故名“许家庄”。1958 年立许家大队，1984 年建许家村民委员会	438	李、王、刘、吴、张、孟、成、董、魏、胡、杨、马、盖等
卞家村	明洪武二年（1369），卞孟利从博兴县卞家疙瘩迁此建村，故得名“卞家庄”。1958 年立卞家大队，1984 年建卞家村民委员会	859	张、卞、王、成、李、范、盖、魏等
梅家村	明洪武二年（1369），梅氏农户自北直隶枣强县迁此建村，故名“梅家庄”。1958 年立梅家大队，1984 年建梅家村民委员会	746	王、梅、姜、张、苟、毛、石、吕、李、卞、牛、崔、刘、胡、车等
路家村	明朝末年，路思智、路思信兄弟二人自章丘县水寨镇迁此建村，故名“路家庄”。1958 年立路家大队，1984 年建路家村民委员会	437	路、胡、董、华、张等
常家村	明洪武二年（1369），常氏农户自山西洪洞县迁此建村。永乐年间有王、黄两家从北直隶枣强县移民至此，村庄由小至大，始叫“常长庄”。1958 年立常家大队，1984 年建常家村民委员会	567	黄、华、王、刘、董、张、陈、许、李等
三佛殿村	明永乐年间（1403—1424），李怀金从利津县城小东街迁此居住，当时居地南部有一座寺庙，内有 3 尊佛像而称三佛庙，由此得村名“三佛殿”。1958 年立三佛殿大队，1966 年更名为“立新”大队，1980 年 8 月 31 日复名为三佛殿大队。1984 年建三佛殿村民委员会	630	张、李、冷、刘、许、王、路等
辛庄村	清咸丰五年（1855），黄河改道入大清河扩宽河道，彩家庄西部村民东迁立村，时因新建村庄，故得名“新庄”。后群众渐以谐音称“辛庄”。1958 年立辛庄大队，1984 年建辛庄村民委员会	412	张、刘、李、万、高、许、陈、王、崔、宋等
前彩村	明洪武二年（1369），张文纲自北直隶枣强县迁此居住，因已住有一蔡氏居民，故得名“蔡家庄”。后群众渐称“彩家庄”。清咸丰五年（1855），因黄河入大清河而扩河冲滩，一部分农户北迁称“后彩”，剩余村落则相应改名为“前彩”。1958 年分别立前彩、后彩大队，1984 年建前彩村、后彩村民委员会	375	张、隆、马、刘等
后彩村		598	张、盖、成、刘、李、高、程、牛等
西街村	清咸丰五年（1855），黄河入大清河扩河冲滩，致使居河滩的彩家庄西大街居民迁至村东南立村，取名“西街”。1958 年立西街大队，1984 年建西街村民委员会	290	张、李、姜、刘、宋、魏等
棘刘村	明洪武二年（1369），王平江自北直隶枣强县迁此建村，名“王家屋子”。明永乐年间（1403—1424），刘鸣凤、刘鸣銮从利津县韩家庄迁入，围村繁生一片棘棵子（酸枣树），故更名“棘子刘”。1958 年立棘刘大队，1984 年建棘刘村民委员会	290	刘、王、张、杨、华等

续表 2

村　名	村名由来	人口数（人）	主要姓氏
王院村	明洪武二年（1369），崔朝建自山西洪洞县迁此王氏院落处建村，故得名“王家院”。1958 年立王院大队，1984 年建王院村民委员会	634	崔、刘、张、王、牛、高、程等
大白村	明洪武二年（1369），刘白川自北直隶枣强县迁此大清河河滩上居住，当时已有一白氏住户，故得名“白家庄”。清咸丰五年（1855），黄河改道入大清河扩河冲滩，部分村民迁出建村，称“小白”，原村落则相应改称“大白”。1958 年分别立大白、小白大队，1984 年建大白、小白村民委员会	583	刘、黄、董、纪、李、梁、盖、魏、吴、林等
小白村		460	刘、巴、王、李、张等
佛头寺村	明洪武二年（1369），李元通、李元成兄弟二人自山西洪洞县迁此一寺庙处建村，故得名“龙头寺”。后群众讹称“窝头寺”。1952 年改名“佛头寺”。1958 年立佛头寺大队，1967 年更名为“新建”大队，1984 年建佛头寺村民委员会	583	李、刘、王、卞、张、周、胡、侯等
徐王村	明洪武二年（1369），徐明、王怀芳自北直隶枣强县迁此立村，取双姓命名“徐王庄”。1958 年立徐王大队，1984 年建徐王村民委员会	988	徐、王、丰、亓、刘、李、陈、张、胡、秦、崔、黄等
戈武村	相传，古代有一皇帝率兵至此，正值过午（下午），紧接着开兵见仗取得了胜利，从此有了立足之地。明洪武二年（1369），王林从山西洪洞县迁此立村，据以前传说得村名“戈武”，1958 年立戈武大队，1984 年建戈武村民委员会	1753	王、李、张、胡、刘、陈、薛、尚、周等
郑王村	明洪武二年（1369），郑氏均、王邦臣自北直隶枣强县迁此建村，取双姓命名“郑王庄”。1958 年立郑王大队，1984 年建郑王村民委员会	1156	张、王、成、刘、李、杜、裴、苗、胡、秦、董等

自然地理

地质　地貌

地质　境域地处华北济阳坳陷东部，为第四系积散堆积物覆盖，无基岩出露，第四系以下由“基底型”沉积和“盆地型”沉积组成。中间为凸起，南北两侧为凹陷。凹陷区内，除沉积有较厚的新生界地层外，尚分布有中生界侏罗—白垩系地层。断裂构造十分发育，表现为断裂多，活动强度大。

地貌 历史上黄河尾闾段常常左右摆动，频繁溃决、漫溢、泛滥，冲积、淤垫，造成典型三角洲地貌。黄河改道或决口后而形成废弃河道和防水堤坝，地形呈现以河床为基础的指状起伏，冈、坡、洼相间，但总体地貌平缓。地貌类型主要有两种，即微斜平地和河滩高地缓冈，前者面积占大部分，后者均分布在黄河河道沿岸。

气候

境域地处温带季风气候区，虽濒临渤海，但受大陆性季风影响明显，春季温暖，夏季湿热，秋季凉爽，冬季干冷，四季分明。

日照 1986—2016 年，年平均日照时数 2750.9 小时。年最多日照时数 2913.8 小时，年最少日照时数 2541.4 小时。月最多日照时数 282.8 小时，为每年的 5 月；月最少日照时数 178.5 小时，为每年的 12 月。

气温 1959—2016 年，年平均气温 12℃~14.5℃。极端最高气温为 40.5℃，发生在 2010 年 7 月 24 日；极端最低气温为 −19.1℃，发生在 1967 年 2 月 1 日。

降水 自然降水年际变化较大，季节分配不均匀。1967—2016 年，年平均降水量 500 毫米。年最少降水量 302.1 毫米，发生在 1965 年；年最多降水量 1039.7 毫米，发生在 1990 年。

地温 地面温度年变化趋势与气温年变化趋势大体一致，1959—2016 年，年平均地面温度为 13.75℃。年平均最高地面温度 15.5℃，发生在 1968 年；年平均最低地面温度 12.8℃，发生在 1964 年。最高地面温度 64.1℃，发生在 1975 年 7 月 13 日；最低地面温度 −23℃，发生在 1967 年 2 月 1 日。

霜期 秋霜冻出现概率较大，春霜冻较少。最早初霜日 10 月 20 日（出现在 1977 年），最晚初霜日 11 月 25 日（出现在 1971 年），最晚终霜日 5 月 3 日（出现在 1986 年），年平均无霜期 217.5 天。

水文

降雨 1959—1985 年，多年平均水面蒸发量是降雨量的 3.5 倍，并且降雨绝大部分集中在伏季天。自然降雨量随季节变换呈现出明显差异。1986—2016 年，年平均当地自产径流为 1.24 亿立方米。降雨多发生在夏季，七八月尤为集中，此两月的年均降水为

268.47 毫米，占年均降雨量的 57.7%。春秋两季的年均降雨量为 54.81 毫米，占年均降雨量的 11.7%。春旱、夏涝、晚秋又旱或连旱连涝、旱涝交错是境域的显著特点。

地下水 境域内地下水属高矿化度盐水，不能用作灌溉、人畜饮用。1986—2016 年，地下水观测统计资料显示，潜水埋深多在 2 ～ 4 米之间。地下水位的变化与季节性的自然降水密切相关，7—9 月由于降水集中，补给量大，地下水位升高；3—6 月，地面蒸发量逐渐增加，而其间的自然降水常规偏小，地下水位相对下降，最低水位一般出现在 5 月、6 月。地下水位年变幅一般为 0.4 ～ 2.5 米。

黄河水 为境内主要的淡水资源，相对比较丰富。经常性的断流始于 1972 年，1987 年后几乎连年出现断流，1997 年断流 226 天，为境域段黄河历史上最长断流时间。2001 年，小浪底水利枢纽工程投用，黄河水利委员会加强对黄河水量的统一调度，虽然年度黄河来水量明显减少，2001—2016 年这段时间内，在严重枯水年份也未出现过断流。

土壤 境内土壤属幼年阶段，成土年龄较短。地表之上覆盖的是大量黄河沉积物，生物草甸成土过程时间极短，有的地方甚至没有来得及经历草甸过程，生物作用不够，土壤肥力不高。土壤母质是由黄河水从黄土高原搬运而来，填充渤海洼陷而成陆，故形成一层次生碳酸盐风化壳。土壤为砂、黏间隔，层次复杂，且受矿质化地下水的控制影响，季节性升降，氧化还原反应交替进行，形成隐域性的潮土土类。土体构型大致可分为夹砂构型、夹黏型、均质壤三类。土壤养分比较高，平均含有机质 0.84%，全氮平均含量 0.0509%，平均全磷含量为 0.105%，速效钾平均含量 49.18ppm，属全国土壤养分分类第五级，适宜作物种植。

植被 境域属暖温带落叶阔叶林区，原始木本植物极少，以草甸植物为主体。植物区系的特点是植被类型少，结构简单，组成单纯。在天然植被中，植被群落分布为黄须菜群丛、芦苇群丛，沟头堤坡有蒿草、茅草、节骨草、蒲公英、三棱草、苦菜子、青青菜等杂草。人工植被中以农田植被为主，主要有小麦、玉米、大豆、谷子、红薯、水稻、棉花、花生等农作物。林木主要分布在沟、渠、路、河两旁和村庄周围及庭院内外，有白杨、刺槐、旱柳、杂交杨、速生杨、榆树、国槐、香椿、冬青、雪松、桃、杏、桑、苹果等树种。

自然资源

土地资源 至 2016 年年底，辖区总面积约 181 平方千米，其中，耕地 56 平方千米，林地 17.05 平方千米，城镇村及工矿用地 26.75 平方千米，交通运输用地 5.7 平方千米，

胜坨油田储油设施——集油罐（2007 年）

水域及水利设施用地 34.03 平方千米，其他用地 18.86 平方千米，尚未开垦的土地 22 平方千米，主要是荒草地和盐碱地。

矿藏资源 境域地下蕴藏着丰富的石油、天然气等资源。自 20 世纪 60 年代胜利油田在境内开发建设始至 2016 年，累计从境内油区开采原油 2 亿多吨，占胜利油田产油总量的五分之一，累计开采天然气 80 多亿立方米。

水资源 境内可利用地表水资源有两部分，一是自然降水，二是黄河客水。自然降水年平均为 1.24 亿立方米，利用量为 1612 万立方米。黄河流经境域 25.5 千米，入境水量年平均 133.6 亿立方米。地下水埋深一般在 2 ～ 4 米之间，水量丰富，含盐量大，矿化度高，平均矿化度为 24.63 克 / 升，最高可达 167.53 克 / 升，尚不可利用。

人口

人口总量 1964 年，境内人口 20676 人；1990 年，人口 45447 人；2000 年，人口 64903 人。2016 年年末，人口 85036 人，其中，汉族 85015 人，少数民族有蒙古族、苗族、朝鲜族、布依族、壮族、土家族、满族、彝族、黎族和藏族，分别是 4 人、3 人、3 人、3 人、2 人、2 人、1 人、1 人、1 人和 1 人。

人口源流 宋金时期，境内即有人居住。明朝初期，官府推行“移民就宽乡”民垦政策，人口大量迁入，即自山西洪洞、北直隶枣强等县，分批移民至此垦荒定居，繁衍生息。从洪武元年（1368）至永乐年间（1403—1424），有数批移民迁至境内。另有外来的盐民、盐商、灶户、逃荒户，但人数较少。清康熙年间（1662—1722）至咸丰五年（1855），周边县区迁入 12 个村庄的住户。咸丰五年黄河改道夺大清河河道入海后，新淤出大片土地，又有邻近寿光、利津、广饶、章丘等县的贫困户，陆续迁到黄河新淤地上垦荒种地，在此落户久居。

人口分布 境内移民多选择地势相对较高的地方居住，大致形成较为集中的三条带状居住区，一条是自梅家庄村沿黄河堤向北至寿合村一带，25.5 千米内有 35 个村庄；再一条是自戈武村向东北到崔家村一带，有 4 个较大的村庄；第三条是自东王村向东北到小宁海村一带，有 20 个村庄。

1985 年，境内的原胜坨乡人口密度每平方千米 241 人，宁海乡人口密度每平方千米 329 人，胜利乡人口密度每平方千米 291 人。2001 年 2 月，行政区划调整，胜利乡、宁海乡并入胜坨镇，全镇人口密度每平方千米 301 人。至 2016 年年底，人口密度为每平方千米 469.81 人。

经济发展

综合实力 1996 年始，胜坨镇确定以市场为导向、以效益为中心、依靠龙头带动和科技进步的发展战略，大力调整农业产业结构，形成粮棉、畜牧、水产、蔬菜、桑蚕、林果六大产业。2012 年始，进一步探索规模化开发、园区化经营模式，建设集特色种植、养殖、繁育、加工于一体的高标准生态农业示范园区，并加大科技兴农推进力度，全力做好农产品质量认证及农产品品牌创建工作，“农业立镇”发展战略初见成效。

20世纪90年代，胜坨镇立足当地实际，牢牢抓住经济建设这个中心，全面实施“产学研”结合，坚定不移地走“工业强镇”之路。先后经历劳务打基础、工业上台阶、科技促腾飞三个阶段，实现由劳务型向工业型、由劳动密集型向科技密集型、由传统管理型向现代科学化管理型、由面向油田市场型向面向国内乃至国际大市场型、由独家经营型向强强联营型的一次次质的嬗变，全镇经济和社会各项事业得到长足发展。2006年，全镇综合经济实力跃居全省百强、全国千强行列。2008年，胜坨镇入选中国乡镇投资潜力500强和中国乡镇综合实力500强。

2016年，全镇实现地区生产总值166亿元，地方财政一般预算收入2.06亿元，高新技术产业产值342.4亿元，完成固定资产投资54.1亿元，农村居民人均可支配收入17184元。

第一产业 农业在胜坨经济中长期占主导地位。1979年秋，胜坨人民公社尚庄村第一个实行“包产到户”，迈出垦利县农村改革第一步。1983年始，境内各公社普遍实行家庭联产承包责任制，土地承包到户，农民生产积极性高涨。这一时期，农业生产连年增产增收，养殖业也得到迅速发展。1996年始，境内各乡镇立足本地实际，借鉴外地经验，以市场为导向，以效益为中心，依靠龙头带动和科技进步，实行区域化布局、专业化生产、一体化经营、社会化服务、企业化管理等一系列措施，形成工农商贸一体化、产供销一条龙的农业产业化发展模式，农村经济步入快车道。2002年始，全镇大力推广农业实用新技术，调整农业产业结构，形成粮棉、畜牧、水产、桑蚕、林果、蔬菜六大产业。大搞农田水利基本建设和土地综合开发，建造扬水站，开挖平原水库，配套沟、渠、路、林、桥、涵、闸，形成路东干渠、路南干渠、胜利干渠、六干渠四大灌溉水系，实现全境农田旱能浇、涝能排的目标。大力发展畜牧业，培植起坨南村等一批畜牧养殖专业村。2012年始，加快转方式、调结构，推动农村产业转型升级，建设集特色种植、养殖、繁育、加工于一体的生态农业示范园区。投资14亿元，打造“一库、两基地、三园、五区”农业园区发展新格局。2013年起，按照“优势产业区域化、特色产业优质化、基地建设标准化”发展思路，胜坨镇全面实施黄河三角洲高效生态经济区建设国家战略，积极推进乡镇科普工作，提高农业经济效益、生态效益和社会效益。2016年，全镇粮食播种面积6103.47万平方米，总产4.01万吨；瓜菜107.4万平方米，总产7054.67吨；棉花1524.4万平方米，总产1277.62吨；造林5333.33万平方米，林木覆盖率30%，林果总产930.83吨；

大牲畜存栏1567头，生猪存栏71542万头，活羊存栏7984只，家禽存栏50.624万羽；农林牧渔业总产值9.76亿元。

第二产业 新中国成立初期，境内工业一片空白。20世纪60年代末，社办企业得以发展。至1968年，境内宁海、胜利（辛庄）各人民公社相继办起铁木厂（农具厂）等企业，主要从事红炉翻砂、木器加工、农具生产、裁剪缝纫等行业，处于经济附属地位。80年代始，随着改革开放的不断深入，商品经济的不断发展，境内乡镇企业如雨后春笋般迅速崛起。一些有思想的能人和一部分有条件的村队围绕服务油田上项目，一批管道铺设、建筑安装类乡镇企业应运而生，成长为境内原胜坨乡、宁海乡的经济支柱。尤其是胜坨乡，乡镇企业发展最快。至20世纪90年代末，随着社会主义市场经济的建立和发展，乡镇工业企业实现由劳务输出型向工业加工型、劳动密集型向科技密集型的转变，涌现出中国万达集团、胜通集团、东辰集团等一批大型企业集团。

第三产业 中共十一届三中全会后，境内各乡实施开放搞活，个体户、联营户迅速发展，各类零售商业网点大量增加，多种经济成分、多种经济形式并存，商业发展呈现出前所未有的繁荣景象。1986年始，大力发展商品经济，国有商业“一统天下”的局面逐渐消失，国有、集体、个体和合作等多元化经济成分并存，构成全方位、多层次的商业发展新格局。2006年年底，全镇个体工商户532户，饮食业经营网点50家，旅馆8家，理发美容、洗浴店38家，农贸市场7处，传统集市10处，社会商品零售额7415万元。2016年年底，全镇商业网点1561家，农贸市场5处，传统集市11处，年成交额10323万元，社会商品零售总额10582万元。

社会事业

教育 清光绪二十九年（1903），境内设蒙学堂8所，其中高等蒙学堂1所。1912年，推行新学，改蒙学堂为初等小学堂，继而改称“初级小学校”（亦称国民小学）。1920年，

胜坨镇初级中学（2012 年）

利津县政府在本境投资兴办“宁庄女子小学”，此为利津县唯一的一所女子学校。至 1935 年年底，境内公立初级小学 30 所。1938—1943 年，为抵制日本侵略者的奴化教育，大部分小学停办。1939 年，国民党地方武装保安七团（简称保安七团）团长张家麟，在其家乡坨家庄创办完全小学 1 所。1940 年 3 月，境内进步人士苟祥蔼创办小宁海“抗日小学”。至 1944 年 8 月，全境有小学 13 所。

1955 年始，随着国民经济的恢复，各自然村纷纷建立初级小学，条件较好的村庄开办完全小学。1958 年，在“大跃进”形势推动下，境内部分初级小学解体，以自然村为单位办学改为以行政村为单位办学，时有完全小学和初级小学 34 所，学龄儿童入学率近 40%。

1965 年，全境贯彻中央“两种教育制度，两种劳动制度”指示，发展多种形式的半农半读学校。宁海区创办宁家、林子两所农业初级中学，董集区在今胜坨镇境内创办小宁海农业中学，招收当年报考县办中学的落榜生。宁家、林子两所农业初级中学即为宁海中学和林子联中的前身。1967 年，学校纷纷停课闹革命，县办初级农业中学停止招生。

1968 年，公办小学全部下放给大队管理，实行民办公助。同时，由于片面强调“上小学不出村、上初中不出片、上高中不出社”，各完小将两届毕业生办成初中班，称小学戴帽初中。1970 年 7 月，垦利第四中学在胜坨人民公社坨庄建成。1971 年春季，垦利第四中学面向胜坨人民公社和宁海、辛庄、高盖、民丰四人民公社的部分大队招收高中生。至 1972 年年底，境内有垦利第四中学 1 所高中，宁海社中和辛庄中学 2 所完全

胜坨镇实验小学（2015 年）

中学（其中宁海社中只招收两届高中生），尚庄联中、小宁海联中、坨庄联中、东王联中、巴家集联中、王营联中、东张联中、林子联中和大张联中 9 所联中，崔家队中和海西队中 2 所队办中学。1976 年，又增加茶坡队中、周家联中、宋家联中和许家联中 4 所队办中学。

1977 年，恢复教学秩序，小学教学日趋正规。1979 年，垦利县实行高中集中办学，大张联中、崔家队中高中班解散，部分学生考入县办中学，辛庄中学高中班停办。1984 年，垦利县对普通中学布局进行调整，撤销队中，压缩联中，境内仅保留乡中 2 所、联中 6 所。1985 年，根据《中共中央关于教育体制改革的决定》文件精神，实行分级办学、分工管理体制，即乡办初中、村办小学。至是年年底，境内有小学 57 所。1987 年，垦利第四中学下放到胜坨乡，改为胜坨中学。

1992 年始，垦利县各乡陆续进行合班并校布局调整工作，将部分规模较小的小学进行撤并，高年级适当集中，低年级设立教学点。是年，胜坨乡为全县第一批普及初等义务教育的乡镇之一。1993 年，胜利、宁海两乡通过初等义务教育达标验收。1995 年，境内只保留胜坨、宁海、胜利 3 所乡（镇）中学。

1995 年，胜坨、宁海、胜利三乡镇全面转入实施“两基”（基本普及九年义务教育和基本扫除青壮年文盲）工作，学校布局调整步伐加快，“两基”工作顺利通过山东省人民政府验收。

2001年，垦利县进行乡镇区划调整，合并后的胜坨镇共有小学18所，胜坨、宁海、胜利3所乡（镇）中学分别改称胜坨镇第一中学、第二中学、第三中学。此后，全镇中小学进入现代化教育装备时期，重点加大计算机等设备配备，电化教育事业快速发展。2004年8月，胜坨镇第三中学并入第一中学。2006年，全镇设完全小学11所。2007年8月，第二中学并入第一中学，第一中学更名为胜坨镇初级中学。2009年，晓东希望小学和巴东小学合并到镇实验小学。2010年，大张、海西和东张3所小学合并到宁海小学。2011年，尚庄、崔家和三海3所小学合并到镇实验小学。

至2016年，境内共有幼儿园12所，分别是中心幼儿园、海南幼儿园、辛庄社区幼儿园、胜利社区幼儿园、宁海社区幼儿园、巴东幼儿园、崔家社区幼儿园、东张幼儿园、尚庄社区幼儿园、大张社区幼儿园、郑王幼儿园、社区中心幼儿园，其中，中心幼儿园、海南幼儿园为省级示范幼儿园。完全小学3所，分别是实验小学、宁海小学、胜利小学。中学1所，即胜坨镇初级

胜坨镇中心幼儿园（2015年）

胜坨镇胜利社区幼儿园（2015年）

胜坨镇海南幼儿园（2015年）

幼儿课堂小制作（2015年）

中学。中小学在校生5132人，3～6周岁幼儿入园率、学前一年幼儿入园率、义务教育普及率均为100%。

2012年，胜坨镇按照中共垦利县委、县政府要求，创建黄河口新型农民学校胜坨分校，设县级培训基地1个，教学点8个，农民夜校59所。

文化 新中国成立前，境内民间踩高跷、舞狮子、耍龙灯、跑旱船、扭秧歌等娱乐表演比较活跃，为民间群众文化活动的主要形式，多为群众自发组织。新中国成立后，中共地方党委和人民政府高度重视文化事业发展，随着广播、电影、电视等现代媒体的普及进村，农村群众的文化生活日渐丰富。中共十一届三中全会以后，境内各乡镇党委、政府更加注重文化事业发展，逐步建立完善基层文化网络，活跃农民群众文化生活，基层文化事业得到长足发展。1983年起，经济条件较好的村先行建起文化大院和文化广场。

2001年，胜坨镇政府围绕中央提出的“生产发展、生活富裕、乡风文明、村容整洁、管理民主”20字方针和全县社会主义新农村建设总体部署，立足本镇实际，突出油区特色，以文化示范工程为突破口，加快农村文化设施建设。海北村投资182万元，建起集学习、娱乐为一体的村文化大院，设有图书阅览室、培训室、微机室等功能室，购进种植、饲养、加工等与群众生产生活密切相关的图书6700册；投资85万元，修建老年活动中心；投资40万元，修建休闲健身广场，占地1500平方米，安装健身器材15件（套）。海中村投资120万元，建成村文化大院，设有图书阅览室、音像室、健身房等功能室；投资60万元，建成健身、休闲、娱乐于一体的多功能文化广场；投资20余万元，修建长80米的毛泽东诗词墙；成立村秧歌队、文艺宣传队，利用冬闲时间组织开展群众文化生活。2004年，该村被评为第一批市级小康文明村。坨东村投入20余万元，建设文化大院、老年活动中心、门球场和羽毛球场，成立了15人的“巾帼文艺队”。至2006年，全镇共建成文化大院59处，建筑总面积2.823万平方米，总投资2.23亿元。中国万达、胜通、东辰等企业集团均建起文化活动中心。文化大院、文化活动中心等成为农村群众、企业职工开展文化娱乐活动的主阵地。

2009年，镇政府投资600余万元，建成镇综合文化中心1处，建筑面积2940平方米，设有文化传承室、舞蹈排练室、综合训练室、乒乓球室、图书阅览室、展厅、电子阅览室、多媒体培训室、综合演艺大厅等功能室。自是年起，镇财政对村级文化设施建设给予投资支持，完善提高村文化大院功能，在39个行政村建成文化书屋，配备农林、科

胜坨镇文化中心图书馆（2016 年）

胜坨镇历史文化展厅一角（2016 年）

技、法律、经济、卫生、文学、教育等方面图书 24 万余册；建成 19 处文化信息资源共享工程村级基层服务点，配备电脑 300 台、音像制品 6000 余张及一批彩电、DVD、投影仪、拉杆音响等设备；建成全民健身工程村 22 个，安装健身器材 120 余件。

2011 年，垦利县启动“村村唱戏村村舞，群众文化百千万”活动。胜坨镇率先实施，主动推进，全镇群众文化组织迅速增多壮大。是年，全镇成立庄户剧团 2 个、文艺表演队 16 个、秧歌队 17 支。佛头寺村成立 50 人的舞龙队，宁家村成立 20 人的舞狮队，孙家村成立 30 人的毛驴、旱船表演队，海中村成立 60 人的秧歌队。群众自发组织广场舞队伍 10 支，老年人太极拳剑队伍 1 支。同时，全镇扎实推进“进千村乐万家”文化惠民活动，组织文化队伍进村演出，实现村村到。海中、坨南等村的表演队，经常代表胜坨镇参加全县的元宵节秧歌大赛等群众文化会演活动，连续多年获得一等奖。镇文化站常年开办培训班，每星期二、星期四定时对群众文艺骨干进行音乐、舞蹈等专业培训。学员们学成结业后，回本单位组织发动文艺爱好者开展文化娱乐活动，丰富群众文化生活。

2016 年，胜坨镇政府投入文化设施建设资金 1800 余万元，新建乡村剧场 4 处，镇、村级历史文化展厅 5 处，成立群众文艺表演队伍 35 支、成员 1000 余人。胜坨镇综合文化站被定级为“全国乡镇综合文化站一级文化站”。

崔家村乡村剧场文艺演出（2016 年）

卫生　新中国成立前夕，境内有私营药铺 1 个、诊所 24 处，从业人员不足 30

人且多为祖传或自学成才的乡野郎中。1950 年，利津县在本境所在的二区、四区分别成立医务工作者联合分会。1953 年，境内组建联合诊所 3 所。同年，建县属农村医疗卫生机构四区（宁海区）卫生所。1954 年，建二区（徐王区）区卫生所。1956 年，全境的私人药铺（店）全部就近加入联合诊所，境域内拥有诊所 6 所，区卫生所 2 所，医务人员 20 名。

1963 年，宁海区机关由宁家庄迁至宁海村，区卫生院建在海西村东侧。1966 年，辛庄人民公社从宁海区析出，辛庄公社卫生院建在辛庄村。1966 年 7 月，胜坨人民公社在小宁海村成立公社卫生院。1970 年，胜坨公社卫生院迁至坨庄村，改称胜坨地区卫生院（亦称地段医院、备战医院），1972 年 1 月，更名为垦利县人民医院胜坨分院。1978 年，宁海、辛庄两公社卫生院（后改称乡卫生院）先后分别搬迁至宁家村、胜利引黄闸处房台上，医疗条件有较大改善。

2001 年 2 月，垦利县进行乡镇区划调整，宁海、胜利两乡卫生院并入垦利县第二人民医院（即垦利县人民医院胜坨分院，简称垦利二院，下同）。至 2006 年，垦利二院已成为集医疗、预防、康复、保健于一体的综合性医院，占地 2.2 万平方米。院内设有内科、外科、儿科、妇产科、五官科、中医科、手术室、急诊室、特检科、放射科、检验科、药剂科、药械科、防保科。垦利二院为全县三家定点接生单位之一，常年与滨州医学院附属医院、胜利油田中心医院、胜利油田胜北医院、胜利油田井下肛肠病医院、东营市人民医院、垦利县人民医院建立合作关系，定期或不定期邀请上述医院的专家、教授到院坐诊。同时，坐诊专家、教授指导该院开展大型手术及其他业务工作，使境内群众就近享受到市级医院水平的医疗服务。至 2016 年年底，全镇有综合医院 1 家，社区卫生服务站 23 个，私人诊所 60 家，医务人员 223 人。

2010 年 5 月始，全镇实施城乡环卫一体化工程，统一规划，统一安排，科学有序地开展城乡环境卫生一体化工作，解决农村“垃圾围村”、环境脏乱差等环卫事业发展滞后的问题。2011 年，胜坨镇被全国爱国卫生运动委员会表彰为“国家卫生镇”。至 2016 年年底，全镇拥有省级卫生村 5 个，市级卫生村 15 个。

民生保障

社会养老保险 1992 年，按照全县农村社会养老保险试点县工作要求，境内胜坨、宁海、胜利三乡（2001 年 2 月，宁海和胜利两乡始并入胜坨镇）开始推行社会养老保险工作，农村参保人数逐年扩大。至 2006 年年底，胜坨镇农村参保人员 8011 人，领取养老金人员 261 人。之后，随着经济的发展和社会的变化，胜坨镇不断提高社会养老保险缴纳发放标准，改革推行新型农村养老保险，使农民获得越来越多的实惠，参保人数和领取养老金人数逐年增加。至 2016 年，全镇新型农村社会养老保险参保人数为 48745 人，养老金发放标准提高至每人每月 175 元。

最低生活保障 1998 年 1 月起，境内胜坨镇和宁海、胜利两乡实施农村最低生活保障制度。农村居民最低生活标准为每人每年补足粮食 250 千克，救济现金 120 元。2001 年起，农村低保现金救济额度增至 200 元，粮食补助量未变。2012 年起，农村低保补助全部改为现金，标准提高至 1300 元。2013—2016 年，农村低保补助金标准提高到 3000 元，对 80 ~ 89 周岁、90 ~ 99 周岁低保老人，分别增发每人每月 100 元、200 元的高龄津贴。

农村合作医疗保障 1998 年，胜坨境内启动农村合作医疗制度改革，实行地方财政、集体、个人三者共同筹集，以个人投入为主的方式。2003 年 6 月起，境内推行农民合作医疗保险制度。农民按每人每年 10 元标准缴纳保险金，镇政府、村集体共同为农村五保户和特困户缴纳保险金。农民就医的门诊费、医药费等费用分类按一定比例报销，每人每年补偿最高额度为 1200 元。2004 年，胜坨镇改行新型农民合作医疗保险制度，补偿标准和方式做出相应调整优化，最高报销额度提高至 1 万元。2006 年 11 月起，胜坨镇调整农民医疗基金缴纳金额和医疗费用报销比例，农民以家庭为单位参加合作医疗，每人每年缴纳合作医疗基金 20 元。中央与省财政为参保农民每人每年补助 8 元，市、县、镇三级政府分别补助 20 元、15 元、5 元。2014 年，全镇新型农村合作医疗保险适龄人员参保率 100%，合作医疗共补偿 17.13 万余人次，补偿总金额 555.66 万余元。2016 年，胜坨镇新型农村合作医疗参保率、补偿金额兑付率均为 100%。

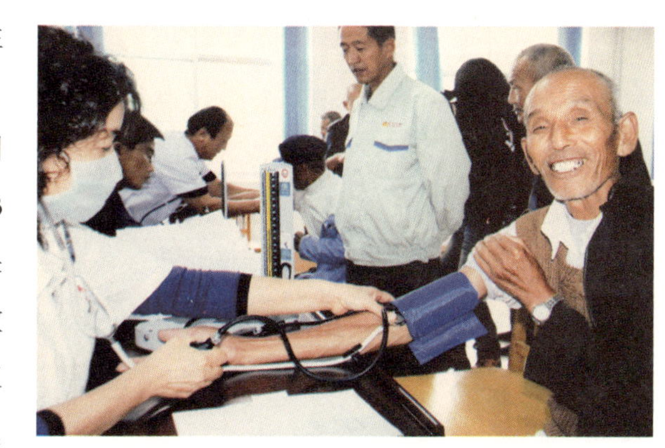

垦利区第二人民医院定期为老年人体检（2008 年）

老年公寓 1960 年，境内胜坨和宁海两人民公社分别建成 1 处福利院。1989 年，胜坨乡集资 22 万元，在垦利县第二人民医院西侧建成当时为全县乡镇最高标准的敬老院。2002 年 11 月，胜坨镇建成老年公寓——幸福公寓，设有办公室、会议室、健身房、

胜坨镇幸福公寓的老年人开展门球娱乐活动（2012 年）

洗衣房、门球场、影视厅、图书室、医务室等功能室。之后，幸福公寓又进行二期、三期扩建工程，总建筑面积 6800 平方米，总投资 740 万元。2016 年，全镇 125 名五保老人全部入住胜坨镇幸福公寓。同年，胜坨镇与东营市垦利区幸福老年养护中心合作，采用医养结合的方式，对全镇五保老人提供全方位托管式服务。

安居工程 2005 年始，胜坨镇实施农村特困群众安居工程，为期三年，分期分批为农村无房、危房特困家庭新建或维修住房。2005—2007 年，共完成 139 套。2013 年，胜坨镇建安居房 20 套。2014 年，建成残疾人托服中心和养老助残幸福院 6 处。

特色旅游

和利时水岛庄园 2005 年 4 月始，由山东和利时石化科技开发有限责任公司开发建设，占地 100 万平方米，总投资 5000 万元。庄园采取政府主导、市场化运作的方式，以三坨水库为依托，在清淤增容的基础上，堆土成岛，建成中心岛、赛鸽岛、植物园、天鹅岛 4 个人工岛，兼具文化娱乐、生态观光、休闲餐饮、科普教育多种功能。中心岛占地 10 万平方米，建有书画观赏、餐饮、茶社、娱乐等设施，文化特色浓厚。赛鸽岛

和利时水岛庄园水上乐园（2012 年）

位于中心岛西北，占地 5.33 万平方米，建有亚洲最大规模赛鸽俱乐部。至 2014 年，来自国内外的 4000 余只信鸽落户水岛庄园。植物园、天鹅岛两岛位于中心岛东北，分别占地 4 万平方米和 3.3 万平方米，引进珍稀植物及鸟类养殖，成为集自然与人文、静态与动态、娱乐与求知完美结合的生态旅游区。

伟浩生态园　2008 年 3 月始，由东营市伟浩建设集团有限公司启动建设。该园位于崔家村北偏西，建设总投资 7000 万元，占地 20 余万平方米，是一处集生态养殖、蔬菜花卉种植、餐饮服务、休闲观光、苗木培育、林果种植于一体的现代化生态园林。园内建有生态养殖场、大棚采摘园、蓄水池、办公楼和仿古生态会馆等设施，为都市市民户外游乐场所。

陶园农业生态观光园　2009 年始，由东营市陶园农业技术开发有限公司建设。该园位于崔家村北偏东，总占地面积 86.67 万平方米，其中水面面积 53.33 万平方米，总投资 8293 万元。至 2016 年，已实施清淤堆岛、植树绿化，建设园林式休闲观光庄园、开发水中特色养殖等工程项目，建有水上亭榭及栈桥、水边环境打造、沙滩浴场及附属设施、国际钓鱼比赛场地、游船及码头、水上餐厅、素质拓展训练基地、民俗娱乐、跑马场、餐饮四合院及水面养殖等功能设施。园区按功能分为生态种植区、畜禽养殖区、水

陶园农业生态观光园（2012 年）

产养殖区、休闲娱乐区、乡村美食区、游客接待中心六大部分，可为游客提供瓜果采摘、拓展训练、游泳、垂钓、动物认领、划船、篝火晚会等娱乐服务，是集休闲娱乐、种养体验、餐饮住宿等功能于一体的乡村旅游示范点。

“黄河人家”乡村休闲观光基地 2010 年，由山东东营瑞圣生态旅游开发公司依托黄河岸边 66.67 余万平方米的优良自然生态林地资源开发而成。基地位于黄河岸边的大白村，设有锅碗瓢盆、桌椅板凳、烧烤炉等野炊用具，吊床和帐篷等休闲憩息设施，游客可在此野炊、做陶艺、玩真人 CS 枪战等游戏。基地内植被丰富，林木茂盛，朝闻百鸟齐鸣，夜听黄河涛声，是游客户外休闲、聚亲会友、亲子益智的绝佳去处。

“黄河人家”内游客互动（2015 年）

旅游团在“黄河人家”聚餐（2013 年）

华强莲藕生态科技观光园 园区位于镇直机关驻地北 3 千米处，规划面积 333.3 万平方米。2013 年 5 月开工，2014 年 10 月建成，由东营市华强农业科技有限公司投资建设，是一处集莲藕种植、水产养殖、休闲观光、餐饮娱乐、科学实验于一体的纯天然、原生态的赏荷品藕、体验农家乐的理想旅游场所。

南展大堤休闲渔业示范区 该示范区由胜坨镇规划实施，依托黄河南展大堤下“十里水产长廊”资源，集休闲、观光、垂钓、采摘、文化体验、餐饮娱乐及养殖、种植为一体的休闲渔业示范区项目。该园由“三区五园”构成，“三区”即生态养殖区、精品示范区、种苗培育区，“五园”即欢乐农家园、垂钓体验园、文化博览园、康体健身园、休闲渔家园。2014 年，垦利县钓鱼协会首先进驻，启动垂钓体验园建设。

东营·胜坨黄河生态旅游文化节 2014 年、2015 年，胜坨镇连续举办两届东营·胜坨黄河生态旅游文化节，吸引来自北京、河北、黑龙江、山西等地众多游客参与。游客可游天宁寺、看王王庄庙、观油田林立井架、赏黄河三角洲顶点风貌，胜坨镇的知名度和美誉度愈播愈远。

东营天宁寺庙会 天宁寺坐落于胜坨镇直机关驻地正北，北倚黄河南展大堤，南邻溢洪河，是集修行弘法、教育研究、慈善安养与临终关怀为一体的综合性佛教文化中心。2009 年，以东辰集团为主投资并倡议社会各界捐资实施修建，2013 年 6 月完成主体工程，建筑群主要包括大雄宝殿、观音道场、大金刚塔、东西配殿、钟鼓楼、藏经阁、山门等。

天宁寺全景图（2017 年）

庙会上的杂技表演

庙会上非物质文化遗产手工品展销

庙会上的飞车表演

2015 年 4 月 21 日至 5 月 3 日，在天宁寺文化旅游区举办“2015 东营首届天宁寺庙会”。庙会设有非物质文化遗产展演、台湾美食节、民俗游园、马戏演出、飞车杂技、儿童娱乐嘉年华等 10 多个项目，同时也加入了 cosplay、变形金刚、大型恐龙、熊出没、白雪公主与七个小矮人等主题。庙会时长 13 天，接待游客 25.3 万人次，最高日人流量 5 万多人次，综合收入 3200 余万元，助推了胜坨镇服务业的发展。

近代黄河三角洲顶点

境域为黄河冲积平原，属古代黄河三角洲脱海之地，为近代黄河三角洲之顶端。境内人民既享黄河之利，也曾深受水患之苦。新中国成立前，境域地处黄河最下游，非官府河防重点，堤坝低矮单薄，千疮百孔，河口逐年淤积抬高，泄洪不畅，经常泛滥决口。仅清光绪九年（1883）至 1937 年间，就有 11 个年份发生决口，甚至一年内 3 次溃堤，沿岸人民灾难深重。新中国成立后，党和政府领导人民兴修堤坝，根治黄河，使其顺利过境、安澜入海。同时，兴修引黄工程，合理利用水沙资源，兴利除弊，境内百姓由此生活安泰。

黄河三角洲形成与演变

古代黄河三角洲及胜坨域地塑造 胜坨境域位于古千乘河口东北处。千乘河口，即广义的古代黄河三角洲形成起始点。早在周秦至西汉时期，境域尚全部处在渤海之中。时利津县城老城区的西部、南部为凸入海中陆地。海岸线东南起自今支脉河河口，沿广利河北岸向西经东营区辛镇（今东营区辛店村附近）和东营区史口、垦利区董集，再向西北经利津县城、明集、南望参古窑址入沾化县境一线。在今史口镇与利津县城之间，时有一条由渤海伸向西南的海湾，东西长 40 千米，南北宽 15 千米，古名马常坑，俗名“海袖子”。海湾南侧，古济水自西南而来，在东营区辛镇西北入渤海，另有一条名叫漯水的河流自西北而来，在海湾的西北部流入。济水与漯水均是黄河较大的支流，济水泥沙多淤积在上游湖泊洼地中，对下游造陆影响不大，因此有“清济浊河”之说。而漯水，则是“河盛则通津委海，水耗则微涓绝流”。[①] 济水、漯水入海之地古属齐地。秦始皇统一六国后，实行郡县制，该境域属临淄郡千乘县地，因济水、漯水在此入海，古称千乘海口，后漯水成为黄河正流，遂称之为千乘河口。

新王莽始建国三年（11），“河决魏郡，泛清河以东数郡”。[②] “清河以东数郡”即指千乘郡在内的清河、平原、济南、渤海等郡县。王莽任凭黄河决口，水流向东北流去，“漭漾广溢，莫测圻岸”。[③] 河道主次不分，未有新堤束水，乱流数十年。直至东汉永平十三年（70），王景治河功成，漯水成为黄河正流，千里大堤修至千乘河口，黄河才得以在今利津县城南附近向东、向北入海，开启塑造古代黄河三角洲的进程，胜坨境域西部区域开始脱海成陆。

---

① 参见〔北魏〕郦道元：《水经注》。

② 参见《汉书·王莽传》。

③ 参见《后汉书·明帝纪》。

至东汉建安二十年（215），黄河比较“安稳”地流淌140多年，千乘河口已向东北延伸数十里，原蓼城（原址为今利津县北宋镇刘城村）东南的大海湾已淤成陆地，三角洲已见雏形，人口逐步增加，今董集镇境内出现河口重镇甲下邑。魏景元二年（261），黄河主流仍在利津县城以东甲下邑以北入渤海。时黄河尾闾有一枝津自蓼城北向东南流，过甲下邑南，与济水汇合入海，故有“河水注济”之说。

隋开皇十六年（596），置蒲台县，下辖永利镇。永利镇原址在今利津县城东黄河河道内，是利津县的前身，时距王景治河526年。黄河自西北而来，经滨州绕今利津县城东折向北，在今利津县盐窝镇一带入海。

北宋庆历八年（1048），黄河在今河南濮阳东北的商胡埽决溢，决开一个“五百五十七步”的大口子，北流经今河北大名、深县南，至青县走卫河，再次自天津附近入海，后人称为黄河第三次大迁徙。12年后又在河北大名附近决出一支，循今马颊河一线在今滨州市无棣北部入海，史称二股河。至此，黄河正流在古代黄河三角洲上完成第一时段造陆。时海岸线已扩展到今沾化县的马家庄，向东经利津县虎滩乡小牟里，再向东偏南经利津县汀河、陈庄，胜坨镇寿合村东，至东营区沙营、广利河河口一线。这一时期，胜坨镇域地完全托出海面。

黄河北流之后，自西南而来的济水，北宋时称北清河，依旧在今东营区辛镇附近入海，持续或多或少地拓疆扩土。约金代初期，济水入黄河故道，经利津县城东折向北，过盐窝镇，在今虎滩乡小牟里附近入海，仍称北清河。后宋室南迁，刘豫建伪齐，在泺水入济处筑堰分水，堰南为小清河，堰北改称北清河为大清河。明代刘翊《大清河纪略》云：“济清之区有河曰大清，济水渠也，自东阿之张秋东北抵利津丰国盐场达于海。”因而在历代文人笔下，大清河又多称济水。

至明弘治八年（1495），刘大夏主修太行堤遏制黄河北股支流，黄河全部入淮归注黄海为止，在400多年的时间里，曾多次承载着黄河决溢东浸的分流任务的济水，时断时续地将利津一带海岸线向大海推进，至黄河全部入淮时已延伸到今东营市河口区老爷庙一带。至金代，大清河入海口又比北宋时有所下延，在今利津县虎滩乡大牟里东入渤海。因入海处盛产牡蛎，又称牡蛎嘴。至清初，大清河尾闾向南摆动，海岸线已向北、东北推进到今东营市河口区太平镇北老鸹嘴、老爷庙、二河盖、垦利区建林、丝网口至支脉河口一线。此时的利津县城“正北至海120里，东北至海120里”，[①] 今河口区义和、六合，利津县付窝，垦利区西宋、永安等地相继脱海成陆。光绪《利津县志》记载：“大清河始末与泛滥之年，有明以前，征之难矣。今按旧志、郡志所载，嘉靖三十一年五月、三十二年七月，隆庆三年七月，俱河水溢。国朝顺治七年，黄河决溢至大清河，乾隆四年、十二年、十六年、三十一年，嘉庆八年、二十四年，俱河水溢……是则黄水为菑，非自咸丰乙卯始矣。”据此记载，自明弘治八年刘大夏遏黄南流始，黄河仍时常客串胜坨境域一带，但造陆速度大大减缓，黄河入海口海岸线相对稳定。

古代黄河三角洲形成的第二个时段，历经宋、金、元、明、清等朝代，时间长达800多年。这一时期黄河时有侵扰，但相对来说洲面环境安定，人口逐渐稠密。自北宋至金代，先后增置招安县（今沾化县），升永利镇为利津县，建丰国镇（今属利津县汀罗镇）、永阜镇（今利津县陈庄镇南）、宁海镇（今属胜坨镇）、博昌镇（今东营区史口镇）、辛镇、王家镇（今东营区王家岗村附近）。元代盐业迅速发展，黄河三角洲环海地带建有丰国、永阜、宁海等大盐场。宁海盐场即在今胜坨境内。明清时大清河河槽刷深，水流平缓，内接大运河、会通河，北达天津，东到朝鲜，南通闽粤，成为天然的盐运、漕运通道，南粮北运的水路多从利津铁门关出海。盐业资源丰厚，新淤地宽广肥沃，一度成为明清两朝移民开发的“宽乡”。

近代黄河三角洲形成 清咸丰五年（1855），黄河夺大清河河道后，以宁海为顶点的近代黄河三角洲朝东北方向呈扇形展开。黄河顺大清河河道，从利津县铁门关北肖神庙以下二河盖之牡蛎嘴入海，初为地下河。清光绪年间（1875—1908），上游两岸堤防渐趋完固，进入下游的泥沙渐多，河床迅速淤高。至光绪十五年（1889）三月，韩家垣了（今属利津县陈庄镇）决口改道，此条河道历时34年，实际行水19年（其余年份为上游决溢、改道而河竭，以下同），被称为铁门关流路。之后，改道东流，经老鸹岭、四段、杨家嘴，由毛丝坨（垦利区建林村东）以下入海。此为毛丝坨流路，河道历时8年，实际行水5年10个月。光绪二十二年，山东巡抚李秉衡奏称，“昔之水行地中者，今已水行地上，现在河底高于平地，俯视堤外则形如釜底”，至此新河道已成为地上河。光绪二十三年五月，黄河于北岭子决口改道东流，由利津县薄庄南过集贤，转向东南左家庄，经垦利区永安镇、老十五村，由丝网口（今宋坨子）以东、团坨子以北入海。另

① 参见山东省利津县地方史志编纂委员会编：《利津县志》，东方出版社，1990年。

有一股支汊在乱井子（清河村旧址）西北分流，又在今垦利区垦利街道南羊村与三十八户村之间合一。此为丝网口流路，河道历时 7 年，实际行水 5 年又 9 个月。

清光绪三十年（1904）六月，黄河于利津县薄家庄决口改道西北流，经青边岭、虎滩嘴、流口、薄家屋子、义和庄入徒骇河下游绛河故道，在河口区太平镇以北老鸹嘴处入海。此为徒骇河流路，河道历时 13 年，实际行水 11 年。又于 1917 年农历七月，在太平镇改道东北流，经大洋铺、中和堂，由车子沟入海；另由虎滩嘴东南分出一股支流，经大牟里、小牟里、四扣，在刘家坨子以北的面条沟（今挑河）入海。1925 年，又在虎滩嘴分出一股支汊向西北流，经沾化县入无棣县套儿河入海。此次北流入海路线散乱，前后共历时 22 年，实际行水 17 年 9 个月。

1926 年 6 月，黄河在利津县八里庄以北（吕家洼）决口东北流，经丰国镇（今属汀罗镇）北，由刁口河入海，形成旧刁口河流路。历时仅 3 年。

1929 年 8 月中旬，黄河秋汛来临，土匪孙振友探知官兵来剿，率匪兵到境内宁海北边的纪家庄扒开大坝。纪家庄处河道行水多年，高于堤外平地丈余，村庄以东为 30 年前的老河道，地势低凹。土匪在此决堤以阻官兵，不到两天即掘开七八丈宽的大口子，顿时洪水滔天，上百村庄遭受灭顶之灾。黄河东去，流路散乱，黄河北侧因“顺兴坝”阻挡，幸免被淹；黄河南侧从无埝坝，洪水漫过坨庄、尚庄、茶坡，再向南淹到辛店等处。洪水先后由南旺河（今支脉河）、丝网口、宋春荣沟、青坨子等海口入海，此为支脉沟流路，历时 5 年。《续修广饶县志》记载：“自利津纪家庄决口，浊流汇灌三千七百余平方里，统计淤出良田约二万顷，均坐落现区第七区内。”这次改道，河水漫及小清河下游，最终使扇形的近代黄河三角洲全面展开。

1934 年 8 月，合龙处（今涯东村附近）决口，河水东向漫流，先由毛丝坨以北老神仙沟入海，后又形成神仙沟、甜水沟、宋春荣沟三股入海形势。1938 年 6 月 9 日，南京国民政府下令扒开郑州花园口大堤，以期阻止日军西进，河水入淮河故道，山东境内黄河河道断流。

现代黄河三角洲成长 1947 年 3 月，国民党政府以水淹解放区，将山东、豫东、苏北等解放区与华北解放区分隔开，下令堵复花园口。黄河归山东故道，仍循原河道三股入海。此为甜水沟流路，历时 19 年，实际行水 9 年 2 个月。

1953 年 6—8 月，经黄河水利委员会批准，垦利县人民政府在垦利县小口子附近，神仙沟与甜水沟相向坐弯处，人工开挖引河 119 米，引甜水沟水直入神仙沟，截去神仙沟上游（四段河）一段弯道，称“小口子裁弯改道”。至此，甜水沟淤闭，由神仙沟独股入海，行水 7 年。1959 年汛期，四号桩以下神仙沟河道泄洪不畅，四号桩以上 1 千米处右岸河弯急挫洪水漫滩，部分水流漫过滩唇，由老神仙沟入海。至 1960 年，右岸滩唇塌尽，形成汊河。同年秋后，主溜夺此汊河。1961 年 6 月，即为入海主道，两次共行水 10 年 5 个月。

1964 年 1 月，利津县罗家屋子以下河道卡冰壅水漫滩，于罗家屋子破民埝，水经草桥沟由刁口河入海。是年 5 月后，新河道过流达六成以上。河无主槽，漫流入海，后又分股入海。1966—1967 年，两股先后淤闭，东股独流入海，共行水 12 年 5 个月。

1976 年 5 月 27 日，地方人民政府与胜利油田在罗家屋子实施人工截流成功，黄河由西河口改道清水沟。这是一次有计划、有准备、有科学理论依据的人工控制改道实践，从此开启对黄河尾闾摆动治理、稳定黄河流路的探索之路。

1988 年，“政府出政策、油田出资金、河务部门出方案”的黄河口治理模式出台。实施“截支强干，工程导流，疏浚破门，巧用潮汐，定向入海”的治理方案，黄河口疏浚整治工程试验取得成功。

1996 年，黄河口清八断面人工出汊造陆采油工程实施，此举缩短了河道，改善了防

黄河入海口“黄蓝”交汇处（2013 年）

洪形势，为造陆采油创造了条件。黄河入海由清八断面上游 950 米处沿引河在垦东油区上首入海行水至 2016 年未变。

河段

河道 黄河胜坨段系清咸丰五年（1855）河南铜瓦厢决口夺大清河道由利津入海而形成。宁海以上河道走向基本和大清河走向一致，但主槽已全部脱离大清河道。宁海以下经过 100 多年的拓宽和多次摆动形成现行河道。境内河道两岸全靠大堤作为屏障，河道滩面一般高出两岸地面 2 ~ 5 米，有的甚至高达 10 米，成“悬河”之势。原大清河道宽仅 30 余米，过水断面狭小，黄河水入注后，水深流急，河岸剧烈坍塌，主槽逐渐展宽。同治十二年（1873），河道刷宽至 250 余米。1947 年黄河归故时，主槽已展宽至 300 ~ 500 米。新中国成立后，沿河设置滩地测量标桩，以观测河岸坍塌变化。据测量记录，河道东张一带，1964—1974 年展宽 210 米，1983 年汛期测量，塌值最小 1.5 米、最大 60 米。

1986 年后，黄河河务部门在境内改建、新建多处河势控导工程，河道走势变化不大，主要变化为河床淤高，河面展宽。

至 2016 年，黄河河段宋家村以下，河床较宽，属二级河床，两岸堤距 1500 ~ 5500 米，主槽宽 600 ~ 800 米，纵比降约万分之一，槽深平均 2 米。梅家村至宋家村段，河槽相对较狭窄，与对岸堤距仅千米左右，最窄处境内大白对小李险工 23 号坝处，两岸堤距仅 460 米，为黄河下游著名的“窄胡同”，此段河势全凭险工、控导工程维持。

滩区 黄河大堤与行水河道之间的河床地为滩区。滩区随河道摆动、尾闾变迁、大堤兴废而迭次变动。

大清河时期及黄河夺清之初，河道水深岸高，两岸无束水工程，没有固定滩区。至光绪初年，河底渐高，漫溢增多，两岸民埝相继连接培高，已起到束水行洪的作用，滩区初步形成。光绪十年（1884）前后，两岸临黄大堤修成，行洪滩区始定，每遇大风水涨，滩区村民皆遭河水围困。

光绪十七年（1891），山东巡抚张曜奏请迁移滩区村民。此后，村民不断有迁出迁入者。1938年，黄河南流入淮之后，境内大量人口进滩定居。1947年，国民党政府堵复花园口，令黄河归故，部分滩区居民搬出。

新中国成立后，继续动员滩区内居民外迁。1955年，山东防汛指挥部规定，以群众自迁为主，结合人民政府帮助，迁民均须由干部带领，保证群众有住房，有饭吃，能生产。救济标准是倒房每间15元，每人每天口粮250克，10岁以下儿童每天500克。

1974—1978年，国务院批示废除生产堤，地方人民政府动员滩区人民滩内生产，滩外定居。迁移时，河务部门给予每人15～20元补助，人民政府适当补贴，安置村址、宅基地。

1956年前，境内左右两岸滩区均属利津管辖。1956年3月至1961年12月，右岸划属广饶县。1961年12月至1964年11月，复归利津县。之后，划属垦利县管辖至今。境内滩区，上起梅家，下止寿合，总面积约972.6万平方米，耕地964.2万平方米。

生产堤 自清末始，治河群众顺河唇高地修筑民埝，用以保护滩内农田及作物，维持农业生产，这种民埝后称生产堤。生产堤与险工相接，一般高1～2米，宽2～3米不等。

新中国成立后，确定“宽河固堤”的黄河下游河道治理方针，人民政府再三明令废除生产堤。但滩区土地肥沃，水浇便利，是沿黄群众的粮仓，行洪与生产矛盾始终难以解决。直到20世纪60年代末，生产堤仍未破除。后来，当地政府实行一水一麦（即一年只种一季冬小麦，保障伏秋汛期行洪顺畅）、一季留足全年口粮的政策，既保护滩区农业生产，又保障黄河行洪畅通，两者间的矛盾得以缓解。

河患

境内河患主要是黄河决口和漫溢。清咸丰五年（1855），黄河夺大清河入海初时，河道通畅，来沙量较小，泄洪能力较强，少有决溢发生。之后河道不断淤积，泄洪能力不断下降。至民国时期，军阀割据混战，政治腐败，财政困难，工程失修，黄河三年两决口。加之境域又地处黄河尾闾，堤防单薄、质量低劣，决溢灾害更加频繁。自咸丰五年至新中国成立前起，境内决溢19次，其中，清朝时期9次，民国时期8次，人民治黄初期2次，均造成重大损失。新中国成立后，党和人民政府领导人民加强黄河治理，黄河安澜入海，至2016年境内临黄大提再无决溢。

卞家庄凌汛决口 清光绪九年（1883）十月中旬，正河（黄河主河道）铁门关及十四户决口处（当年五月十八日漫决未堵复）封冻，上流陡涨，水泄不畅，右岸卞家庄、左岸小李庄民埝漫决。至翌年四月初，十四户和小李庄口门一并堵筑合龙，卞家庄决口至五月中旬合龙堵复。

张家庄、宁海庄伏汛决口 清光绪十年（1884）闰五月中旬，河水迭涨，右岸宁海庄处于十一日漫决。至二十四日，宁海庄因近海无料，堵口未能迅速兴工。伏汛期内，右岸张家庄民埝决口，因与宁海毗连，后大溜改移专注宁海1处，张家庄民埝决口遂于七月初十堵合。是年，宁海口门亦堵合，并筑黄河大坝。

路家庄伏汛决口 清光绪十七年（1891）六月，右岸路家庄处决口，溜势直趋正东，由南旺河入海。后因左岸王庄决口，全河夺溜，路庄口门遂成旱口。十月，民众自行筑堤，翌年改归官修。

彩家庄伏汛决口 清光绪十八年（1892）闰六月，右岸彩家庄、左岸张家屋子处先后决口，后惠民县茅坟民埝漫溢，彩家庄与张家屋子两决口淤干，遂于八月堵合旱口。

冯家庄秋汛决口 清光绪二十八年（1902）八月初八午时，右岸冯家庄民埝因水势异常汹涌，漫溢决口，十日堵合。

宁海庄伏汛决口 清光绪二十九年（1903）八月初，右岸宁海庄汛段堤身属纯沙质，大溜冲刷，两次生险，十三日卯时遂漫溢成口，后于十二月堵合。

新冯家秋汛决口 清宣统二年（1910）九月初五，右岸尾工以下新冯家庄堤埝因溜势顶冲，大溜侧注，将该处冲成决口，口宽30余米。

棘刘、王院凌汛决口 1928年2月22日，境内黄河王庄河段壅冰阻水，河水大涨，当时刮起10级西北风，冰借风势，冰水齐压黄河右岸。王院、棘刘、西街、后彩至二棚约2千米的堤段有6处先后发生决溢，黄河以东遂成一片汪洋，淹没70余个村庄。国民党山东省政府派时任山东黄河河务局局长王炳燡督工修复决口。王院决口处口门宽约150米、深5～6米，虽未断流，但水浅流漫，堵复较易，于5月10日动工，历经3天堵复合龙。棘刘口门宽约200米、深7～8米，水大浪急，堵复艰难。6月8日，开始修筑决口口门下坝。6月20日，西南风大作，水面抬升1米多高。傍晚6时，施工用的捆厢船、提龙缆相继绷断，捆厢船顺流而下，埽坝被大水冲走。本可商议想办法继续施工，但王炳爗携款潜逃，堵复工程被迫中止。7 月 26 日，国民党山东省政府应灾民请求，令省黄河河务局妥筹办理。8 月 15 日起，河务部门组织民工重新加修戗堤及埽工，全部工程于 9 月 29 日竣工。

纪冯民埝秋汛决口 1929 年 9 月，纪冯民埝盗掘成口，匪患频仍，时局骚动，官民悉不暇顾。经汛水淘刷，口门走溜约占八成。东洼及左家一带遭沉沦，河流直向东泄，正河涸出。河务局派员勘查，因堵口工大款巨，且河水由此入海较近，报经国民党山东省政府核准，其饬令利津、广饶两县沿河自行修埝，政府酌予补助，决口遂不堵。自此，大溜改由陡崖头入海。

链接：我身历的棘刘决口

“棘子刘，王家院，黄河决了口，百姓要了饭……”那首唱了几十年的民谣，就是从棘刘决口开始的……

民国 17 年（1928），我刚 9 岁，已进私塾读书。农历二月二日这天，上午刮起了西北风，午后风势更大，尘沙飞扬，呜呜作响，天地间一片昏黄。我按捺不住好奇心，偷偷地到大门外张望，被老师发现，一笤帚疙瘩打在了我的头上，我赶快溜回教室。大约下午 4 点，我父亲匆忙走进教室，和老师嘀咕了一阵，老师脸上立刻露出了紧张的神色，并马上放了学。我刚入家门，见二姐把蒸熟的干粮从锅里往外拾。这时，忽听街上响起了“当当”的敲锣声，紧接着听到有人高喊：“上坝了，赶快上坝呀！”我慌忙跑到街上，看到村后边土围墙上站着不少人，我也凑上去，随着众人的视线向西北眺望，只见河面的冰块像一群白羊在蠕动，呼啸声，撞击声，冰块的断裂声，不绝于耳，大家脸色惊慌，纷纷议论着，冰水上涨这么快，大坝难免要出事了……

薄暮的阳光黄淡淡的。这时风势减弱了，但寒流却袭来了。人们不敢住家里了，纷纷奔赴坝顶。我和二姐背上干粮和被子，随父亲慌慌张张出了庄，向后彩村道口跑去。这时天已昏黑，我心里怕得要命，紧抓着父亲的衣襟，跌跌撞撞爬上大坝。

坝上人声鼎沸，河里巨冰上下翻腾咆哮，犹如阵前战马嘶鸣。面对此

情，惊慌的人们，你挤我，我撞你，胡乱跑动。这时，忽听有人喊："北面已出了大漏洞了，赶快往南逃啊！"拥挤的人群立刻顺坝往南拥挤。跑了一阵，河务营（当时官府管理黄河的单位）的院墙挡住了去路，慌乱、焦急的人群不顾生死往前挤，就听"轰隆"一声，那墙被人们推倒了，人群一窝蜂地往前奔。忽然又从前边传来惊人的消息：前面的大坝也开了。大家闻讯如惊弓之鸟，又扭头往回跑，人们心里只有一个念头，赶快逃命。跑着跑着，又听见背后"轰隆"一声，大坝又有一处塌陷了……

夜里，星斗昏暗，寒风刺骨，大坝上到处是遭难的乡亲们。在柳仙庙以北，黑压压地坐满了人。面对这骤然而降的劫难，人们像痴了呆了似的，低着头一言不发。我和二姐披着一床被子，也坐在人群中间。有几位老人提着一盏玻璃灯，到坝坡察看水情，我听到有人说，到明天大坝塌不到柳仙庙，咱们这些人才有活路，如果这里也塌了，那我们只好去喂鱼虾了。

大约半夜时分，四周漆黑一团，阵阵寒风刺入骨髓，死神随时威胁着人们，大家心里沉甸甸的，像坠着千斤巨石。有的人连冻带怕，浑身发抖；有的人跪在地上，不断祈求苍天保佑。人们发现常家与三佛殿两村之间，有几点灯光，在寒夜里不时闪动，估计是没来得及逃出的村民打出的信号，爬上了高处等待救援。过了一会儿，东边的三点灯光只有两点了，熄灭的灯光再也没有亮起来，说不定又有什么人遇难了。这时，就听见坝下激流中传来微弱的呼救声："救命啊！"人群中忽然冲出一个男青年哭着说："水里是俺娘！"他一边说着，顾不得脱衣便"扑通"一声跳进水里，在乡亲们的帮助下，把他母亲从水里救上了岸。原来，他母亲因困在水中的冰上，不幸跌落水中，顺着坝壕漂流，正巧冲到我们面前，这才侥幸拣了一条命。事后得知，救母的人是后彩的盖汝山。

逃难的人们在焦急、恐惧中熬了一夜，终于盼到了东方发白。这时，一片从未见过的凄惨景象映入眼帘：站在坝顶向东一望，天连水、水连天，一片汪洋，波浪滔天，奔腾咆哮，巨大的冰块互相撞击，奔涌东去，碗口粗的大树，经不住冰块的撞击、切锉，只听"咔嚓"一声，便断为两截。在起伏的波浪中，家具、衣物、柴草随水漂动，牲畜、家禽、野兽在水中哀号挣扎。又听得轰隆、轰隆声不断传来，那是附近村里墙倒屋塌的声音。

这场浩劫，从王院至二棚的黄河大坝共开了七道口子。沿黄农民辛勤劳动一年的成果，尽付流水，房屋田园洗劫一空。十数年间，村里是破墙断壁，瓦砾成堆，到处沙丘耸立，一刮风就黄沙飞扬，遮天蔽日。灾后，遭难的人们走投无路，只有流浪他乡，讨饭度日。还有的卖儿卖女，妻离子散。

胜坨镇工农村教师　刘曰良

堤防

演变　临黄大堤是在民埝的基础上逐年培修而成，清末称为缕堤，民国期间改称官堤，解放后称公坝或大堤，20 世纪 60 年代始称临黄大堤。境内堤防段，上起梅家村，下至寿合村，起止桩号为 207^{+250}—232^{+750}，总长约 25.5 千米。

清咸丰五年（1855），黄河夺大清河河道之初，两岸并无堤防，每至涨水，沿河村庄筑埝自卫，后渐连接。光绪九年（1883），山东巡抚陈士杰创修两岸大堤，翌年告竣。新堤沿原有民埝加培而成，堤尾延至罗家，尚未达胜坨境内。境内梅家村至王家院堤防段民埝，系垦利河段堤防的基础，始修于同治年间（1862—1874），长 5 千米，堤高 1.67 米，顶宽 3.33 米。光绪三年至十二年，逐年加培，使堤高 3.33 米，顶宽 6.67 米。至民国初年，民埝由乡村自修自守。1923 年，国民党山东省政府核准河务局制定民埝修守章程，规定沿河各县设立民埝工局，办理民埝修守事宜，修守费用在民埝圈护地亩上加捐征收，政府补助培修费用的十分之三左右。由于河床逐年淤垫抬高，1928 年又加修一次。之后，河务荒废衰败，河工经费大量积欠，两岸堤防、埽坝工程多年失修，风雨剥蚀，千疮百孔，残破不堪，一遇洪水便四处冲决。1938 年 6 月 9 日，国民党军队炸开花园口黄河大堤后，黄河南行入淮，境内黄河断流，堤坝便遭废弃，破坏严重。1946 年始，民坝修守的劳务投资改由中共渤海区委、渤海区行政公署统一安排，但修筑标准远远低于临黄大堤。

1946 年，国民党政府决定堵复花园口，引黄归故，以期水淹解放区。时胜坨境归利津县所辖，临黄大堤已弃守多年，残破不全，急需加高补修。中共渤海区委、渤海区行政公署号召全区人民，一手拿枪，一手拿锨，反蒋治黄，图存自救。是年 5 月，利津县建立治黄工程指挥部，县长王雪亭任指挥，动员万名民工上堤将南岭以上两岸大堤普遍加高 1 ～ 2 米。至 1949 年，完成土方总量 231.08 万立方米，投入人工 374.36 万工日，耗资 113.07 万元（民工工资按每千克小米 0.3 元折算）。

培堤

新中国成立后，人民政府对包括胜坨段在内的临黄大堤共进行过 4 次大培堤。

第一次大培堤 1952 年开工，1956 年完工。对临黄大堤 201^{+300}—252^{+500} 段帮宽加高。境域时属利津县所辖，右岸临黄大堤 34 千米，左岸 45.35 千米，共用土方 239.86 万立方米，总投资 134.58 万元。初期，设计标准为山东黄河河务局规定，按洛口流量 9000 立方米 / 秒水面线计算，堤顶超高 1.5 米，平工顶宽 7 米，险工顶宽 10 米。1955 年 11 月后，按照黄河水利委员会规定，堤顶超高 2.1 米。

第二次大培堤 1962 年开工，1969 年完工。对临黄大堤 201^{+300}—252^{+500} 段加宽加高，以防御洛口 1.3 万立方米 / 秒流量为设计基准进行施工建设。

第三次大培堤 1975 年开工，1984 年完工。对临黄大堤 201^{+300}—255^{+700} 段和南防洪堤 0^{+000}—27^{+003} 段帮宽加高，共完成土方 1356.93 万立方米，人工工日 436.35 万个，投资 1636.48 万元。临黄大堤断面设计标准堤顶超高 2.1 米。险工堤段、卞家险工上首至胜利闸段顶宽 7.5 米，临、背边坡均为 1∶2.5；路庄虹吸管处至周家段顶宽 8 米，临坡 1∶2.5，背坡 1∶3；其余顶宽 9 米，临坡 1∶2.5，背坡 1∶3，以防御花园口站流量 2.2 万立方米 / 秒洪水流量为设计基准。

第四次大培堤 2012 年开工，2014 年完工。对临黄大堤 207^{+250}—232^{+750} 段进行帮宽。顶宽 10 米，临坡 1∶3，背坡 1∶3，共计完成土方 63.7 万立方米，投资 1593.75 万元，设计标准临黄大堤段面标准堤顶超高 2.1 米，设计高程 19.01 ～ 16.08 米，以防御花园口站流量 2.2 万立方米 / 秒洪水流量为设计基准，经东平湖分洪，控制艾山站下泄流量不超过 1 万立方米 / 秒。

加固

境内临黄大堤，多系在旧堤基础上加培起来的。旧堤多是用松土堆积而成，结构松弛，堤身单薄，隐患密布，抗洪能力低。新中国成立后，执行“宽河固堤”方针，一方面对大堤加宽加高，另一方面采取多种措施，加固堤身，提高防洪性能。固堤方法主要有锥探灌浆、抽槽换土、戗工、淤背固堤、填塘固堤、奖励除害、翻修隐患、抽水洇堤标准化堤防建设等方法。

锥探灌浆 1951 年，首次采用钢锥探测堤内隐患，即用 6 毫米粗钢筋制锥，以木板夹持，压入堤身，并辅以向锥孔中吹烟、注水等法，用以发现堤身内空穴、松散夹层及裂缝等隐患。1952 年，改用 16 毫米圆钢制锥，长度为 6 米、10 米两种，锥尖锻为四楞尖头，楞间有凹槽，四人操锥呼号进锥。每组日进锥数由数十眼到二百多眼。在堤顶与两坡布锥 8 ~ 10 行，行距 0.5 ~ 1 米，孔距 0.2 米，进行锥探。对发现的各种较大隐患，组织人力开挖翻修。普通锥孔，用手工向孔眼内舀灌泥浆或填塞泥丸，消除孤立隐患，充实大范围的松散夹层和裂缝。至 1957 年，除新修大堤外，大堤普遍锥灌一遍，重点堤段复锥复灌，累计锥灌大堤 10 万米，打眼 174.7 万眼。

1958 年，采用静压力灌浆技术，把灌浆机架在 5 米高的支架上，用手摇水车把泥浆提升到蓄浆盆内，通过输浆管道，靠液体静压力把泥浆压入锥孔内。

1968 年，采用动压力灌浆技术，用 10 千瓦电动机分别带动拌浆机和灌浆机进行灌浆，效率较高，但此法受电源限制，使用范围小。1971 年后，改用 195 型柴油机做动力，同时带动拌浆桶和泥浆泵，操作简单，挪动方便，堤段、险工、涵闸、翼墙等皆可使用。泥浆在有洞穴、裂缝、松散土层的堤段，扩散能力强，在较严密的地段，锥孔周围的渗透半径也达 0.25 ~ 0.35 米，平均每米大堤进土 0.54 立方米，土层密度可达每立

黄河大堤进行淤背作业的吸沙船及输送管道（2015 年）

方米 1.45 ～ 1.6 吨。1969—1974 年春，对境内临黄大堤 214^{+900}—227^{+800} 段以及纪冯闸等堤段实施灌浆加固施工。

抽槽换土 1955 年和 1956 年，对土质不良、结构松散、缝隙贯通的堤段，沿临河面堤脚，抽挖深槽，槽底挖至红土层，至少低于背河地面，底宽 2 ～ 2.5 米，用黏土回填夯实，槽顶上接修黏土斜墙，贴于临河面堤坡上，厚 2.2 ～ 2.5 米，高于防洪水位 0.5 米，借以增强大堤的截渗性能。1956 年，对桩号 217^{+680}—217^{+900} 之间堤段修做抽槽换土施工，底宽 6.5 米，底部高程 8.81 米，顶部高程 12.81 米。

戗工 在浸润线不足 1∶8 ～ 1∶10 的堤段，帮宽堤脚，延长渗流径程，提高防渗能力。修在临河面称前戗，修在背河面称后戗。从 20 世纪 60 年代初期至 70 年代初期，大量修做后戗加固工程。

淤背固堤 20 世纪 70 年代中期始，利用简易吸泥船机泵扬泥水沉淤固堤。吸泥船配备 6160A 型 135 马力柴油机做动力，带动 1235 型铁笼泵或 16 丰产 35 型泵。1977 年 4 月，第一只吸泥船在路家庄投用。至 1980 年，垦利段发展到 6 艘，其中，路家庄段 2 艘。1978 年，改用 8PSJ 型衬胶泵或 16 丰产 24 型泵，由拖轮拽到河道内合适沙场作业。水泵活动笼头上装有高压水枪，激起河底泥沙，使水中含沙量提高到 200 ～ 500 千克 / 立方米，由机、泵、管道将泥浆输送到背河面或临河面淤区内。截至 1985 年年底，完成前后彩、路庄台、路庄段、虹吸沟、宋家村、宁海村、纪冯村、苏家村、寿合村、章丘屋子泄洪闸西等处的工程机淤任务。此后，由淤区内险工堤段

简易吸泥船淤背沉淤固堤作业（2015 年）

逐步扩展到平堤段。落淤主要是沙土，易成风沙，不仅易造成严重的沙土流失，而且严重影响堤顶交通和附近村民的生产生活，后进行红土盖顶试验成功，风沙问题得以基本解决。

1986 年始，每年洪峰期时，均集中机械对达到标准的淤区抽红盖沙，淤红厚度 0.3 ~ 0.5 米，并组织人工包边修坡，植树种草。2014 年，对王院淤区（桩号 212^{+000}—212^{+982} 段大堤背河面）进行机淤固堤，完成土方 26.01 万立方米，投资 249.64 万元。对宋家淤区（桩号 217^{+430}—219^{+050} 段大堤背河面）进行机淤固堤，完成土方 48.7 万立方米，投资 450.4 万元，并在达到标准的淤区植树种草。

填塘固堤 新中国成立初，堤身两侧存有若干坑塘，系历史上黄河决口时跌水造成，单个面积数千平方米至万余平方米不等，多数长年积水，深达数米，大水漫滩偎堤时，易致临背之水渗透通连，危及堤身安全。1955 年，开始人工填垫，陆续至 1972 年完工，填高至地面以上 0.5 米。路庄段内先后填塘 4 处。

奖补除害 獾、狐、鼠三类动物，喜在堤身挖洞钻穴，易成堤身隐患。至民国，一直用签试法探查洞穴，破堤填塞，并用犬捕、火熏、套夹等手段捕捉害堤野兽。解放后，发动沿黄群众捕除害堤野兽。1950 年起，执行山东黄河防汛指挥部规定，凡举报堤上民房内重大隐患经查属实者，每次奖励小米 25 ~ 50 千克，对因挖填而损坏的房屋给予拆迁补助；在堤上捕到一只大獾奖励小米 17.5 千克，小獾奖励 10 千克，黄鼬、地鼠等小动物奖励 1 千克。1953 年后，改以人民币计发，捕捉范围由堤身扩大至堤身外 1 ~ 2.5 千米。

翻修隐患 1950 年，开始消灭堤身兽洞鼠穴隐患工程，组织河工和沿黄群众，进行钻探翻修。翻修中发现獾洞 172 个，洞口大者人能容身，深则横穿大堤。在翻修路庄险工时，其大堤内，穴洞密布，层层连通。近代黄河一年数决，兽洞鼠穴堤身隐患是一主要因素。

部分堤段曾为险工或堵复口门，埋有大量秸料或乱石，属于堤基异常状态。大水偎堤时间长时，背河面易发生渗水或管涌而出险。新中国成立后，1951 年和 1955 年，利津县王庄、五庄的两次凌汛决口均是由旧口门存有隐患造成。1957 年始，黄河河务部门多次组织人员调查摸清堤基异常状态，为大堤管护和防汛时采取适当措施而提供了基础资料。

日军侵占利津县城时期，在宋家村原村址北，今临黄大堤桩号 217^{+715}—217^{+850} 处堤坝下部，修筑碉堡一座，并在其周围挖掘宽 8 米、深 6 米的封锁沟 2 条，封锁沟横穿大堤。在新张村大堤桩号 221^{+500} 处、221^{+985} 处，海西村大堤桩号 222^{+330} 处、222^{+470} 处，宁家村大堤桩号 225^{+820}—225^{+930} 处，苏家村大堤桩号 227^{+200} 和 227^{+728}—227^{+733} 处的大堤下部，开挖军沟多条。至 2014 年，对发现的洞穴、碉堡、军沟等堤防隐患，均采取开挖、翻修措施进行修复。

抽水浬堤 20 世纪 60 年代，抽水浬堤加固堤防的新措施兴起，大大提高了大坝抗洪强度。此法特点是能够明确找出隐患位置、范围大小，便于采取相应措施。堤身吃水后，大堤不同程度蛰陷，密实度增加，对处理堤内空隙、松散土层尤为有利。

标准化堤防建设 2010 年，水利部黄河水利委员会依据国务院批复的《黄河流域防洪规划》（2008 年），主要是对临黄大堤梅家至寿合段进行帮宽，该段全长 24.9 千米、宽 10 米，对王院淤区和宋家淤区实施加固及险工改建工程，工程由黄河河务部门组织实施。2012 年 11 月，胜坨镇成立防洪工程指挥部，配合河务部门搞好迁占等工作。至 2015 年年底，工程施工及各项迁占工作全部完成。

护堤 清代，设专职官兵守护，对大堤定有四防（昼防、夜防、风防、雨防）、二守（官守、民守）、春修、冬巡等制度。每千米设一堡房，每堡设驻守民夫 2 人，平时搜寻獾洞鼠穴，植树积土，修补堤身，汛时巡堤查险，鸣锣报警。民国时期沿袭清制，除上述堡房外，每年汛期，民夫上防时还要搭建窝棚，称防汛庵，供防汛民夫使用。

新中国成立后，采取专业队伍管理与群众管理相结合的办法护堤，县、乡、村三级均建立黄河护堤委员会，负责辖区堤防管护事宜，黄河河务部门委派专人负责护堤工作。在临黄大堤上，每 0.5 千米建筑防汛屋 1 座，每座两间（8 ～ 10 平方米），土木结构。1960 年后，渐次改为砖瓦结构，每座 3 间（45 ～ 50 平方米），屋山外墙上写有醒目的顺序编号，供汛期防汛人员居住，平时由专职护堤员驻守。护堤员由沿黄村选择合适的村民担任，护堤报酬由生产大队承担，按同等劳力记工分。农村实行生产责任制后，对柳荫地、树林、堤防管理统一承包，护堤员报酬形式多样化。护堤员管理范围为大堤和临背堤脚柳荫地和淤背区。人民政府多次发布文告，阐明堤防管理意义，确认堤防管理人员正当权利，严禁损害堤防行为。1976 年，境内修防段制定 13 项护堤守则。1981 年，垦利县政府重新颁发《关于加强黄河堤防管理的布告》，进一步规范堤防管理工作。

1962—1965 年胜坨境域抽水淤堤情况统计表

表 3

日期		起止桩号及地点		长（米）	工日（个）	投资（元）
年份（年）	月份（月）	起	止			
1962	5	佛头寺（今胜利）险工 26 号坝 209^{+900}	佛头寺险工 13 号坝 210^{+100}	200	—	—
1963	4—5	二棚（今常庄）险工上首 215^{+600}	路庄险工 6 号坝 216^{+000}	400	—	—
	10—11	后彩 214^{+490}	常庄险工 215^{+600}	1110	—	—
1964	4—6	路庄险工 6 号坝 216^{+000}	宋家庄道口北 217^{+600}	1600	—	—
	10—11	小街村北头 205^{+400}	小街碉堡 205^{+800}	400	—	—
	10—11	棘子刘 213^{+100}	213^{+360}	260	—	—
	10—11	宋家北 217^{+600}	胥家道口 218^{+845}	1245	—	—
1965	4—6	胥家道口 219^{+630}	西张村道口东 220^{+250}	620	—	—
	9—11	苏刘 221^{+250}	纪冯坝头 224^{+750}	3500	—	—
合计	—	—	—	9335	12356	9168

迁移民舍 1948 年前，村民在临黄大堤堤身两侧居住。房屋、地窖、棚圈、水井等建在堤坡或堤脚上，妨碍堤身加培，并易造成隐患。1948 年起，人民政府采取说服动员、自愿拆迁政策，动员村民将自建设施搬离大堤，有碍修工的则指令拆迁，堤上村民陆续搬离。对迁移下堤村民，黄河河务部门给予补助。1950 年 8 月，执行山东省黄河防汛指挥部规定，拆迁住房每间补助小米 75 ~ 125 千克，敞棚每间 50 千克。其后，随着物价上涨，补偿标准渐次提高。至 1975 年，村民全部迁移下堤。1974 年，机淤固堤开始后，民房拆迁范围延至背河堤脚 80 米一线。随着淤背工程进展，近堤村民分期迁入新址。

堤坝绿化 在黄河大堤上植树绿化，既为保护堤坝，又为河工提供物料。1952 年，山东省人民政府规定，临河堤脚以外 10 米、背河堤脚以下 7 米为柳荫地，归国家所有。

1970 年以前，以植柳树为主。1976 年，黄河水利委员会规定，按临河防浪、背河取材的原则，临河面加植丛柳，形成乔灌结合、外低内高的阶梯形防浪林，背河面栽植槐树等用材树，堤顶两肩下种植两行优质速生树木，堤坡栽植防冲的铁板牙、葛芭草。执行国有村管的堤防绿化政策，以护堤村及护堤员自育自采为主，国家给予少量补贴，并发动机关、学校援助，日常管护由护堤员负责。

1982 年始，黄河河务部门职工在驻地及险工、涵闸两侧栽植美化树木。2006 年，围绕“维持黄河健康生命”目标，按照黄河大堤《植树绿化规划》，全面展开堤坝绿化，本着能种则种、植满植严的原则，在境内黄河大堤上植树13.575万株。2014—2015年，对包括胜坨在内的临黄大堤帮宽加高，原来的树木被采伐。至2016年更新树木14.8万株。

附属设施

在堤防建设过程中，同时修备若干附属设施，以利大堤管理、料物运输和防汛人员车辆通行，方便群众生产生活。

辅道 每次大堤培高，均同时帮修辅道，建于大道、公路上堤路口。20世纪60年代前，所修辅道多与大堤垂直相交，70年代始，提倡修做顺堤辅道。一般辅道路面宽5～6米，纵坡1∶12～1∶15；重要路口路面宽6～8米，纵坡1∶16～1∶20。

堆土 堆积土料于背河堤坡上，以备防汛修工紧急时使用，俗称“土牛”。每个“土牛”50立方米，按平工大堤每米1立方米，险工每米2立方米的土方量堆置，不占压堤顶，跨在堤坡的上部，按修堤质量夯实，高出堤顶1.5米。

险工与控导工程

险工

因黄河河道不断展宽摆动，溜势游荡不定，临水堤身易被大溜冲刷，常有塌入河中之险。黄河河务部门为保障堤坝安全，采用临堤抛石或用秸料下埽的办法，修筑抗御水流、导溜离岸工程，称为“险工”。险工大部分形成在清朝末民国初，由于河势的上提下延或不断上下伸展，埽坝也不断新建、改建或脱险。1946年始，险工由秸埽逐步发展到石埽。1986—2002年，对险工坝岸按设防标准加高和改进，共完成土方8.47万立方米，投用石方6.23万立方米，实用工日10.68万个，投资699.68万元，使境内6处险工全部达到石化标准，抗洪能力大幅提高，成为稳定两岸河势的重要工程。

路庄险工（2015 年）

路庄险工 清光绪十年（1884）始建，位于临黄大堤桩号 215^{+790}—217^{+604} 之间，工程长度 1814 米，护砌长度 1725 米。今 5 ~ 11 号坝为原秸埽坝旧址。1948—1953 年，新建埽坝 28 段，改建 1 段。1957—1964 年，新修和改建乱石坝 15 段，改建扣石坝 13 段。1965 年，改建扣石坝 3 段，改建乱石坝 2 段。1972 年，按先主后次将秸、砖埽改为石埽。1986—1990 年，7 ~ 8 号、12 ~ 13 号、56 ~ 57 号坝拆改为粗排坝。

胜利险工 清光绪二十四年（1898）始至光绪二十九年，修建 2 号、4 号、8 ~ 18 号坝秸埽。其后，因年久失修腐烂不堪。1947 年，黄河归故，在原有基础上改建、新建

胜利险工（2015 年）

秸、柳、砖埽 21 段。1987 年，27 ~ 28 号坝由乱石坝拆改为粗排坝。2012 年始，改建 1 ~ 28 号坝，至 2014 年完成，设计高程 17.53 米，完成石方 2.6 万立方米，投资 385.8 万元。

卞家险工 清光绪二十四年（1898）始，建 1 ~ 3 号、5 号、7 ~ 9 号坝秸埽。1923 年，修建 11 ~ 18 号坝秸埽。1935 年，修建 4 号坝秸埽。1948 年，修建 6 号、10 号坝秸埽，改建 8 号坝秸埽为砖埽。1949 年，改建 4 号、5 号坝秸埽坝为砖埽坝。1955 年春，改建 1 ~ 13 号坝为乱石埽。1958 年 6 月，改建 14 ~ 18 号坝为扣石埽。1964 年 5 月，加高改建 5 ~ 8 号坝，10 号坝改为乱石坝。1965 年 10 月，加高改建 1 ~ 4 号坝为乱石埽。1966 年 4 月，加高改建 9 号、11 号、13 号坝。1979 年，改建加高 1 ~ 18 号坝为扣石坝。1981 年春，加高 1 ~ 18 号坝。2012 年始，至 2014 年完成，改建 1 ~ 18 号坝，设计高程 17.55 米，完成石方 8496 立方米，投资 108.6 万元。

常庄险工 清光绪二十四年（1898）始建，又称二棚险工，位于临黄大堤桩号 214^{+170}—215^{+790} 之间，工程长度 1490 米，护砌长度 1620 米。1947 年，黄河归故，进行加固加修。1978 年后，对险工坝基、坝身相应加高加固。1988 年，后彩控导工程 1 号、2 号坝脱险，3 号、4 号坝合并于常家险工，编为新 1 号、新 2 号坝。1986—1990 年，1 ~ 14 号坝由乱石坝改建为粗排坝。1993—1995 年，24 ~ 33 号坝拆改为扣石坝。1999 年，新 1 号、新 2 号，10 ~ 14 号，27 ~ 29 号坝改建加固。

常庄险工（2015 年）

王院险工（2015 年）

王院险工 清宣统二年（1910）始建。1967 年前，由秸、柳、砖埽坝组成。1967—1985 年，全部达到石化标准。1986—1987 年，45 ~ 47 号坝由乱石坝拆改为粗排坝。1988 年，大白控导工程共有坝垛 5 段。其中，3 段淤积脱险，另 2 段合并于王院险工，编为新 1 号、新 2 号坝。1992 年，30 ~ 31 号坝由粗排坝拆改为扣石坝。2012 年始，随着第四次大培堤，拆除新 1 号、新 2 号、1 号、3 号、5 号坝。2014 年，在王院险工 7 号坝上新建险工 1 段，与 7 号坝相连接，长 342 米，设计高程 17.33 米；改建 46 号、47 号坝，共长 213 米，设计高程 17.17 米，完成石方 1.16 万立方米，投资 488.19 万元。

纪冯险工 1949 年始建，位于临黄大堤桩号 128^{+550}—128^{+940} 之间，修乱石坝 3 段，工程长度 390 米，护砌长度 410 米，今有老 1 ~ 3 号坝岸 6 段。1979 年，该险工加高改建。是年，经山东黄河河务局批准，并将原纪冯控导工程改为险工修守。1989 年 5 月，改建 1 号坝乱石坝为扣石坝。1999 年 11 月，加高改建新 2 号、新 3 号坝。

控导工程 1950 年 6 月，山东黄河河务局在章历县姜庄（今属章丘市）试办护滩工程，亦称控导工程。此后，按照统一规划的治导线沿河逐步修建，用以保护滩岸，并与险工配合，束水导流，限制河道横向摆动，将河槽固定于河道中位。

1954 年始，在境内河段修建大白、后彩两处控导工程。随着河道溜势变化，又先后修建宋家、宁海、纪冯、寿合 4 处控导工程，后寿合控导脱险。至 2002 年，又先后新建、改建宋家、宁海控导工程，并将大白、后彩、纪冯 3 处控导工程与险工合并，至此基本控制住河道的变化。2006 年，对宁海控导实施维修养护工程。

2012 年始，胜坨镇实施防洪工程，重点对辖区内黄河滩区生产堤进行治理。先后对梅家滩、棘刘前彩滩、苏刘海西滩、张西苏家寿合滩 4 个滩区的险工段生产堤进行加固。2014 年，胜坨镇新建埽头 6 座，用建筑垃圾护坡 600 米，加固堤岸 2000 米，投资 310 万元。

至 2016 年胜坨境内河段控导工程修建情况表

表 4

护滩名称	始建年份（年）	坝岸垛段数				工程长度（米）	护砌长度（米）	1983 年防洪水位（米）	坝顶高程（米）	根石顶高程（米）	备注
		计	坝	岸	垛						
大白	1954	5	4	1	—	320	150	17.26	14.89 ~ 16.70	—	8 号坝已脱险
后彩	1954	4	—	2	2	300	190	17.04	16.54 ~ 16.65	—	1、2 号坝脱险
宋家	1955	18	—	2	16	1620	890	16.78	13.08 ~ 16.16	11.60 ~ 11.86	—
宁海	1957	6	1	—	5	490	380	16.78	12.63 ~ 15.16	11.38	—
纪冯	1957	3	1	—	2	270	260	16.10	12.43 ~ 13.69	10.44 ~ 11.11	—
合计	—	36	6	5	25	3000	1870	—	—	—	—

防洪防凌

汛情

凌汛　12 月至翌年 2 月，时值冬季，黄河有一个淌凌—封冻—开河（解冻）的过程，这时期易发生冰块拥堵、泄水不畅的情况，称为凌汛。

桃汛　3、4 月份，气温回升，黄河上游冰雪融化，河水渐增，一般年份黄河水流量最大可达 2000 立方米 / 秒，时值桃花盛开，故称桃汛。

伏汛 7、8 月份，黄河中、上游出现暴雨，雨水汇入黄河，聚成较大或特大洪峰，并挟带大量泥沙而下，时值三伏季节，故称伏汛。

民工在黄河防汛中打桩固埽（2008 年）

秋汛 9、10 月份，秋雨连绵，所聚洪水较大，持续时间较长，含沙量较小，冲刷能力强，严重威胁下游堤防工程，时值秋季，故称秋汛。

伏秋大汛 伏汛和秋汛时间衔接，又是主要洪水期，故称伏秋大汛。

防洪 清朝末期与民国年间，黄河防汛仅以守卫大堤不决口为要务，受技术条件限制，没有明确的防洪指标。解放后，党和人民政府把黄河防洪列为重要的政治任务，以保证不决口为基本目的，并采用现代化科学技术，依据黄河水位和河道变化情况，确定防洪指标。根据历史特大洪水情况，黄河水利委员会确定黄河防汛任务，以防御花园口站 2.2 万立方米 / 秒洪水为目标，防御洪水设计基准年为 1983 年。1983 年，1 万立方米 / 秒洪水到达境内，主要险工水位为胜利 15.80 米，路庄 15.15 米，纪冯 14.17 米。

2006 年 7 月 11—14 日，黄河流量 560 ~ 710 立方米 / 秒。宁海控导新 3 号坝至老 1 号坝陆续出现根石塌陷、坝身掉蛰险情。根据险情，采取抛散石、抛铅丝笼、抛柳石枕等抢险措施，人机配合，机机配合，连续作业，抢险修复，险情得到控制，并恢复工

民工在装填黄河防汛沙土袋（2008 年）

程原貌。

防凌

黄河有十年八封河之说。封河时间多数发生在 12 月中下旬，封河速度有时可达 100 千米 / 天。有的年份一次性封河，有的年份则几封几开。黄河开河一般发生在 2 月中下旬，有的年份早至 1 月中旬、晚至 3 月中旬。有“文开河”和“武开河”两种类型，以“武开河”危害最大。

七三年防凌抢险 1972 年 12 月 16 日，境内河段封河，25 日一度开河，冰凌局部滑动，26 日开至西宋公社（今属垦利街道）十八户闸，插塞壅成冰坝。临黄大堤偎水，堤前水深 1 ~ 1.5 米。1973 年 1 月 2 日，二次封河，向上封至惠民县，总长 137 千米。17 日起气温回升，三门峡库区融冰下泄，凌峰流量 872 立方米 / 秒。至 19 日 4 时，冰凌开至纪冯插塞，壅成高达 7 米的冰坝，河水陡涨，从纪冯坝头至义和险工冰水漫溢，580.5 万平方米滩地被淹，12 千米长的临黄大堤偎水，堤前水深 1.5 ~ 2 米，小苏庄（1956 年与小刘村合并为苏刘大队）处于冰水包围之中，路庄以下河段水位超过 1958 年洪水水位 0.3 ~ 0.83 米。19 日 9 时，宁海民埝被冲开 3 个宽 30 ~ 50 米、深 3 ~ 4 米的口子，冰水直冲临黄大堤，致其严重坍塌。民埝上的 74 户群众陷于冰水之中，房屋大部进水，其中 24 户民房倒塌 84 间。纪冯以上宁海、辛庄人民公社滩地全部被淹没。垦利县、惠民军分区、胜利油田的有关负责人赶赴现场指挥抢险，并调动部队参加抢险。当时，水大流急，抢护堤脚的装土麻袋投放下去旋即就被急流冲走，情况十分危急。解放军战士首先跳入 1 米多深的冰水中，数十名基干民兵、胜利油田职工也相继而下，用身体阻挡激流，抢护坍塌堤脚。同时，解放军炮兵部队和爆破队集中轰炸、爆破冰坝冰堆，开通溜道，洪水下泄，黄河转危为安。至 23 日，全部冰凌开通入海，凌汛安全度过。

通信 光绪二十八年（1902），山东巡抚周馥于济南设立官办电局一所，开始使用电话传递黄河汛情。时隔 6 年，电话通信至达境内宁海。民国初期，电话线路因战事屡遭破坏。1938 年 6 月，右岸电话线路复至境内小街险工。时右岸小街险工为南四分段第三防汛驻地，其分段长室与汛长室内各设瑞典产 AB128 型电话机一部。新中国成立初期，境内黄河河务分段电话只能通到县河务局。1985 年，境内胜利分段、路家分段各设总机 1 台，施工或防汛期间可临时搭挂话机，直接接通上级修防处，进行通信联络。1998 年，垦利黄河河务部门新设 450 兆固定台通信系统，境内各河务段更换使用相应通信设备。至 2014 年，境内各分段均启用现代化移动通信设备。2016 年，境内黄河河务通信手段完备，联络顺畅。

水沙利用

泥沙含量 黄河水含有大量泥沙。利津水文站实测，1950—1982 年，平均年来沙量 11.79 亿吨，最大年来沙量 21 亿吨（1958 年），最少年来沙量为 2.42 亿吨（1960 年）。年内沙量分配以 8 月份为最多，1 月份最少。平均每立方米水中含沙量 25.66 千克，洪水最大含沙量为每立方米 222 千克（1973 年）。来沙大部分属于颗粒较细的悬移质泥沙，粒径在 0.025 毫米以下。每立方米泥沙一般含氮 0.55 千克，含磷 1.05 千克，含钾 2.14 千克，极适宜农田灌溉和淤地改土。

1986—2002 年，年均输沙量为 3.38 亿吨。最大输沙量年为 1988 年，8.12 亿吨；最小输沙量年为 1997 年，0.15 亿吨。含沙量平均为每立方米 22.2 千克。最大平均含沙量年为 1988 年，每立方米 41.9 千克；最小平均含沙量年为 2001 年，每立方米 4.2 千克。

黄河泥沙多集中于汛期，水多沙多。据 1987 年以来的资料统计，汛期多年平均值 3.537 亿吨，非汛期来沙量年平均 0.5 亿吨。1986—2006 年，黄河利津水文站年平均径流量 179.33 亿立方米，年平均输沙量 2.26 亿吨。2007—2016 年，黄河利津水文站年平均径流量 114.28 亿立方米，年平均输沙量 0.83 亿吨。

引水设施

新中国成立初，境内以兴建虹吸管引蓄黄河水，规模较小。自 1964 年始，在临黄大堤上相继兴建和改建一批引黄淤灌和提水工程，在淤地改碱、农田灌溉和工业生产、城镇绿化及人畜用水等方面起到主要作用。

佛头寺虹吸管 位于胜利险工，1953 年兴建，1962 年拆除。山东省水利厅设计施工，铺设管径 0.77 米的虹吸管 2 条，供广饶县六户试验站灌溉用水。同处，又于

1956年兴建管径0.9米的虹吸管2条，惠民专署设计，广饶县水利局组织施工，供广饶县宁海、董集、辛店三区及五一农场、广北农场用水。1966年建胜利闸时，虹吸管被拆除。

路家庄虹吸管 位于临黄大堤桩号216^{+060}—216^{+100}处。1955年，惠民地区水利指挥部设计，利津县组织施工，铺设管径0.77米的虹吸管1条，供宁海区农田灌溉及人畜用水。1956年，惠民地区水利指挥部设计，广饶县组织施工，增建管径0.9米的虹吸管2条，供宁海、民丰、永安等区乡部分农田灌溉及人畜用水。工程均于当年建成放水，至1959年运行正常。后因排水系统不健全，灌区内的耕地盐碱化面积逐步扩大，加之渠首渠道淤积严重，高处的农田不能自流灌溉，于1960年后停止使用，1963年全部拆除。1964年4月，在该处新建管径0.9米的虹吸管2条，由山东黄河河务局设计，利津黄河第二修防段组织施工，同年11月竣工，解决宁海区农田灌溉及稻改用水。1965年，再增建管径0.9米的虹吸管3条，由山东黄河河务局设计，垦利黄河修防段组织施工。以上5条虹吸管，设计引水流量5立方米/秒，设计水位9.4米，防洪水位14.54米。实用钢材64.7吨，水泥250吨，投资7.86万元。经过近20年的运行，管道锈蚀严重，相继有4条管道不能引水。1984年4月开工，至1985年9月竣工，由胜利油田投资，山东黄河河务局设计，垦利县水利局组织施工，将该4条已不能引水的管道改建成管径0.9米的虹吸管4根。设计引水流量4立方米/秒，临河水位9.5米，背河水位8.8米。搬动土方8.7万立方米、石方2513立方米、混凝土150立方米，实用人工11.5万工日，投资113万元。

胜利引黄闸 位于胜利险工18～19桩号之间。1966年2月16日开工，4月30日竣工，5月1日正式放水启用。山东黄河河务局设计，垦利县建闸指挥部施工，设计引水流量15立方米/秒。为I级建筑物，厢式涵洞，3孔1联，孔口高宽各2米，灌溉面积6667万平方米。设计水位15.1米，防洪水位15.1米，底板高程8.05米，堤顶高程18.59米，启闭能力20吨。1988年，因设计标准低拆除重建，山东黄河河务局设计院设计，胜利油田投资566.12万元，东营市胜利闸建设指挥部施工。2012年10月22日开工，2013年3月31日竣工，建成东营市胜利引黄闸前泵站工程，东营市水利局灌溉管理处建设。泵站由连接段、自流闸、泵室、出水池、变配电设施、管理站等部分组成，总投资约2301万元。该工程主要解决胜利油田及垦利县胜坨、董集、郝家等乡镇的工农业生产和城镇居民生活用水。

胜利引黄闸（2015 年）

王院活动虹吸管　位于王院村临黄大堤桩号 213^{+960} 处，1968 年 5 月兴建，铺设管径 0.7 米的活动虹吸管 1 条，解决王院、棘刘村背河口门低洼渗水、淤背固堤等问题。该虹吸管设计引水流量 0.8 立方米 / 秒。1977 年拆除。

纪冯扬水站　位于纪冯险工 2 号坝上，1982 年建成，与纪冯闸组成配套工程，解决黄河南展宽区尾部农业及群众生活用水。该扬水站由垦利县水利局设计并组织施工，设计流量 4 立方米 / 秒，规划灌溉面积 40 平方千米，投资 53.39 万元。

纪冯引黄闸　位于临黄大堤桩号 224^{+450} 处，于 1983 年 3 月动工建设，是与纪冯扬水站相配套的引水工程，为 I 级建筑物，一孔一联钢筋混凝土厢式涵洞，钢筋混凝土平板式闸门，设计引水流量 4 立方米 / 秒。山东黄河河务局设计院按 30 年防洪标准设计，惠民黄河安装队垦利水建队施工，设计防洪水位 18.5 米，规划灌溉面积 26.67 平方千米。国家投资 21 万元。该闸主要用于黄河南展宽区内农业及人畜用水。

宋家扬水站　位于宋家控导 15 号坝上，1988 年建成，解决宋家至纪冯滩内土地灌溉和黄河南展宽区群众生活用水。垦利县水利局规划设计，宁海乡组织施工管理，设计流量 0.8 立方米 / 秒，规划灌溉面积 25.67 平方千米。投资 24.3 万元，国家、地方各占 50%。

路庄引黄闸　位于路庄险工 6 ~ 8 号坝上，临黄大堤桩号 216^{+181} 处，于 1996 年修建，为 I 级建筑物，三孔一联钢筋混凝土厢式涵洞，钢筋混凝土平板式闸门，解决垦利县城、黄河南展宽区内工农业生产和城镇居民生活用水。山东黄河河务局设计，东营市路庄引黄闸工程建设指挥部施工，设计流量 30 立方米 / 秒，防洪水位 18.1 米，规

路庄引黄闸（2015 年）

划灌溉面积 26.67 平方千米。垦利县投资 735.96 万元。

海东扬水站 位于宁海控导新 3 号坝与新 4 号坝坝裆，2000 年建成，解决纪冯滩区和海东、海西及苏刘等村农田灌溉用水。垦利县水利局设计并组织施工，设计流量 0.6 立方米 / 秒，规划灌溉面积 2 平方千米。垦利县投资 16 万元。

胜利社区抗旱应急泵站 2014 年 3 月修建，设计提水流量 0.7 立方米 / 秒，规划灌溉面积 4.53 平方千米，保障区内棉花、玉米、小麦等作物灌溉用水。灌溉范围西起胜北一支渠，东至胜北一支排，南起胜利干渠，北至胜利路。在严重或特大干旱情形下，可提供农田灌溉用水 20.4 万立方米，一般情况下可提供农田灌溉水 211.8 万立方米。胜坨镇人民政府投资 535 万元。

淤地改土

境内土地为黄河泥沙淤积退海之地，土壤盐碱化程度高，土地贫瘠，未改造前农作物产量低下。随着引黄设施的建成，境内有计划地引放黄河泥沙淤地改碱，造出大片良田。

胜利罐区放淤 1966 年 5 月胜利引黄闸竣工放水，至 2006 年累计引水量 21.48 亿立方米。控制面积 89.13 平方千米，有效灌溉面积 57.67 平方千米，灌区上游先后建沉沙水库 5 座，沉沙面积 16.67 平方千米，沉沙量 630 万立方米，淤改土地 12.67 平方千米。

林子沉沙水库积淤 1966 年修建，东西长 2500 米，南北宽 1500 米，蓄水沉沙面积 2.5 平方千米。至 1968 年，该水库淤平还田。

郑王沉沙水库积淤 1974 年修建，蓄水沉沙面积 4.9 平方千米。至 1975 年，该水库淤平还田。

黄河南展宽区放淤 1979 年 7 月 30 日，曹店引黄闸首次启用放淤，历时 27 天，引水总量 6.26 亿立方米，最大引水流量 570 立方米 / 秒，总落淤沙 3660 万立方米。1980 年夏，第二次放淤，时黄河水量较小，放水时间短，淤地效果不理想。经两次放淤，境内耕地面积增加约 19.93 平方千米。1980 年，辛庄公社粮食总产量为 1010 吨，1981 年，粮食总产量达到 4545 吨。

南展宽工程 黄河下游河道从博兴县麻湾至境内东张村段长 30 多千米，具有窄、弯、险及易决口的特点。两岸堤距一般在 1000 米左右，最窄处大白对小李险工 23 号坝仅 460 米。麻湾、王庄险工坐弯几乎成 90 度，一旦冰凌卡塞，水无泄路，水位陡涨极易成险。

1970 年 5 月，水利电力部副部长钱正英会同黄河水利委员会、山东省革命委员会及胜利油田的负责人查看黄河口，商定河口治理措施，最终形成“南展、北分、东大堤”（即南岸建设展宽区、北岸发生洪水时进行分洪、新修黄河东岸大堤）的意见。1971 年 9 月，水利电力部批准兴建黄河南展宽工程。1971 年 10 月动工兴建，至 1978 年年底完成主体工程。

从博兴老于家皇坝至垦利西冯新修一条展宽堤，堤长 38.65 千米，最宽处距临黄大堤 3.5 千米，与临黄大堤围成 123.3 平方千米的展宽区，滞洪库容 3.27 亿立方米。新展宽堤土方工程于 1971 年 10 月开始施工，至 1972 年竣工。境内的排涝和放淤尾水排泄分 4 片进行。请户干渠以南片区（含展宽区最上端片区），面积 29.68 平方千米，排涝流量 10 立方米 / 秒，由请户闸排入老广蒲沟，由大孙闸排入新广蒲沟；请户干渠以北至胜利干渠以南片区，面积 35 平方千米，排涝流量 12 立方米 / 秒，由胜利干渠闸排入请户沟；胜利干渠以北至路东干渠以南片区，面积 44 平方千米，排涝流量 14 立方米 / 秒，由王营闸排入广利河；路东干渠以北至展宽区末端片区，面积 22.6 平方千米，排涝流量 8 立方米 / 秒，由路东干渠闸排入溢洪河。排涝标准按 1964 年雨型设计，排涝模数为每平方千米 0.32 立方米 / 秒。

在临黄大堤上修建分洪、泄水闸 3 座。境内建有章丘屋子泄洪闸，位于展宽区最下端，于 1973 年 10 月开工，1976 年竣工。竣工当年经充水试验，各项技术指标符合设计要求。在展宽区防洪防凌启用时，可将展宽区蓄水排回黄河，另外也承担排除展宽区放淤造滩尾水。该泄洪闸为桩基开敞式 16 孔闸型，每孔净宽 8 米，设计防洪水位 16 米，展宽区分凌水位 13 米时，分泄流量 1530 立方米 / 秒。

1971—1973 年，地方政府在境内修建胜利干渠、路东干渠、请户排灌闸及大孙、王营排水闸。1974—1978 年，扩建胜利干渠、王营排水闸。以上 5 座排灌闸，设计排水总能力 159 立方米 / 秒，灌溉引水 85 立方米 / 秒。其间，对展宽区内总长 83.2 千米的 17 条灌排渠系进行调整，并建设相应建筑物。1979 年 11 月底，建成垦利县一号电力扬水站，设计流量 5 立方米 / 秒，补充垦利县的展宽区内外 7 个乡镇用水不足。1980 年，开挖垦利请户至刘王的截渗沟 9.9 千米，疏浚请户沟 8 千米。1981 年，完成一号电力扬水站两处穿堤涵洞和章丘屋子泄洪闸倒灌淤改工程。1983 年，建成纪冯扬水站及其穿堤涵洞等工程。1996 年，在展宽区末端修建东张水库（胜利水库）。

为保证南展宽区分洪安全，确定在展宽区内外修筑村台建房安置。村台高度，展宽区内按展宽堤设计水位超高 0.6 米，展宽区外高于附近地面 1 ～ 1.5 米，边坡 1∶2。展宽堤外村台坡脚外的可耕地一律征购 30 米，作为埝台，归村台居住者使用。自 1975 年开始，垦利县及有关公社均成立迁建组，负责辖区内群众的迁移建房工作。自 1977 年开始搬迁，至 1979 年年底搬迁全部完成。1980 年年底，补助资金等由指挥部会同县全面核实结清。1981 年 8 月，山东省人民政府批转山东黄河河务局《关于齐河、垦利展宽区群众生产、生活问题的处理意见》，对于展宽区内的村台加固、群众吃水、展宽区土地放淤改土还耕以及化肥补助等问题均做出适当安排。

展宽区村台工程启用后，随着人口的增长，群众住房紧张问题日渐凸显。至 2016 年年底，境内 35 个房台村中，有 11 个村搬入新建的胜利社区，住进楼房，有 5 个村实施新村建设，其余村庄对原来房台进行淤背扩展，住房压力得以缓解。

东张水库（胜利水库）（2009 年）

胜利油田发祥地

胜坨镇是胜利油田在山东地区进行整装油田开发最早的地区和主战场，境内有胜坨和宁海两个油田。胜利油田因在该镇胜利村附近打出全国第一口日产千吨油井而得名。油田在境内建成一批油地两利、资源共享的水、电、路等基础设施，拉动地方商贸服务业及工业的兴起和发展，促进地方打破传统农业经济结构，带来先进技术、人才、资金，传播先进文化生活理念，加快了胜坨镇现代化建设进程。全镇树立“地上服从地下，农田服从油田”的大局观念，在油区治安工作中率先探索出“三包四定”治安防范措施，继而探索出工农共建“六联”新路子，又创出“六抓促六联”新经验，使胜坨镇成为全国安全文明油区的典范。

油田会战开发

胜坨油田 1955年，国家决定对华北平原地区展开区域性石油普查。1960年11月，地质部、石油工业部在山东省商河县打华7井，发现济阳坳陷古近系沙河组是良好的生油层和储油层。1961年4月16日，石油工业部华北勘探处32120钻井队在今东营市东营区辛店街道东营村附近钻探华8井，首次获日产8.1吨工业油流。这是华北平原和渤海湾石油勘探的重大突破，也是继发现克拉玛依油田、大庆油田后的中国石油地质勘探的第三次重大突破，实践证明不仅陆相盆地能形成大油田，陆相小湖盆地也能形成多种类型的高产大油田。

1962年9月23日，在华8井东北3千米处打出营2井，获日产555吨的高产油流。这是当时全国日产量最高的油井。为纪念这一日子，石油部华北勘探处对外称九二三厂，即胜利油田的前身。

1963年10月，在境内坨庄—胜利村构造上打出坨7井，获日产36吨工业油流，发现胜坨油田，为山东省境内实施开发的第一个油田。1964年1月25日，中共中央批转同意石油工业部党组《关于组织华北石油勘探会战的报告》。华北石油勘探会战是继松辽油田大会战之后的又一次重要会战，标志着胜利油田在以胜坨为主阵地的东营地区的勘探会战和开发建设正式启动。是月，毛泽东主席亲自圈阅了党中央批准华北石油会战的报告文件。石油工业部迅速组建油田建设指挥部，从大庆、玉门、青海、新疆、四川等地石油企业调来精兵强将2.6万人，汇集到黄河三角洲上，同山东境内原有的石油队伍会师，首先集中力量勘探开发胜坨油田。胜利油田石油勘探开发大军1万余人进驻胜坨，境内顿时变得车水马龙，人声鼎沸。各生产大队（村）凡是能够腾出来的公房全部住满石油工人。地方领导通过做工作，把无处安身的职工分散到老百姓家里住。时胜坨一带老百姓住房非常狭窄，一家三代挤在三间土坯房的人家比比

胜坨油区人民帮助油田建设（1965 年）

皆是，但为支持国家多产石油，老百姓深明大义，把里屋让给油田领导干部和工程技术人员住，而自己一家老小挤在外间里。有的农户家里住多家油田工人家庭，在屋里扯上铁丝、挂上布帘，一边一家。

1964 年 5 月始，九二三厂集中 12 个钻井队在坨庄—胜利村构造带上展开钻井会战，钻探含油面积和石油储量。时值雨季，平地水深没膝，给会战带来巨大困难。百余吨重的钻机部件，上万吨重的器材，靠广大钻井职工趟着泥水，人拉肩扛，搬运进井场，会战得以正常进行。3293 钻井队打的一口重点探井发生井涌现象，需迅速采取压井措施。但因大雨冲坏道路，压井所需的重晶石粉无法用汽车运输到现场。钻井队职工和机关后勤人员靠人背肩扛，趟着没膝深的积水，硬是把 100 多吨重晶石粉送进井场，来回一趟走几千米，从傍晚 7 点干到翌日天亮，井涌及时排除。3205 钻井队打的坨 7 井，位于坨庄—胜利村构造顶部，也是一口重点探井。为抢时间，优质快速拿下这口井，全队职工就近在一个土坝处挖地屋子居住。住上没几天，一场大雨将所住的地屋子全都灌进水，屋内更加潮湿闷热，居住条件异常艰苦。会战紧张时，钻井工人三五天不脱工服，几天几夜加班加点连轴转。经过艰苦奋战，至 1965 年一季度，完成24口探井的钻探任务，为迅速探明胜坨油田含油情况奠定了坚实基础。

石油工人钻台作业（1965年）

在坨庄—胜利村构造带石油勘探战役中，1964年5月完钻的坨1井首先进行试油工作，于6月6—30日，对沙二段油层进行射开测试，用15毫米油嘴获日产396吨高产油流。根据这一新情况，会战总部决定以坨1井为中心，按“十”字剖面部署4口探井（坨2井、坨3井、坨4井和坨5井），集中4台钻机，历时两个月，基本探明坨庄—胜利村构造带的含油面积，还复查了会战前完钻的位于坨庄—胜利村构造带上的坨7井（老营5井）。经复查发现油层23层82米，射开24.2米，用15毫米油嘴测试，获日产361吨高产油流。接着，在坨庄—胜利村构造带长轴方向上部署三条剖面共24口井，集中12台钻机，展开勘探会战。1965年1月25日，32120钻井队打的坨11井射开沙二段31层共85.9米油层，用35毫米油嘴测试，获日产1134吨高产油流。这是中国首次发现的千吨级油井。1965年2月2日，中共华北石油勘探会战总指挥部工作委员会在坨11井现场召开祝捷大会。1965年3月2日，打的坨9井射开沙二段37层88.9米油层，获日产1036吨高产油流。从1964年5月至1965年1月，仅用9个月时间，基本探明山东境内油田——胜

1965年1月25日，全国第一口日产千吨井坨11井喷油景象

坨油田。1971 年 6 月 11 日，为纪念胜坨石油会战的伟大胜利，经中共山东省委批准，九二三厂正式更名为胜利油田。

1964 年 11 月至 1965 年 12 月，坨一、坨二、坨三集油站等油气生产设施相继建成。1966 年，胜坨油田完成建安工作量 2120 万元，建成各类井口 157 套、各类站库 29 座、各种管线 293.84 千米，架设输电线路 203.55 千米，在施工质量和建设速度上体现出高水平、高速度。

1967—1970 年，油田建设排除“文化大革命”干扰，稳步推进。1970 年，胜坨油田生产原油 333 万吨。1971 年始，根据燃料化学工业部“关于高速和稳定开发沿海石油资源”的方针，对胜坨油田进行全面调整，围绕工艺流程进行改造。至 1975 年，胜坨油田已累计建成 500 万吨生产能力。1976—1980 年，胜坨油田再次进行调整，进一步提高采油速度。1978 年总井数达到 830 口，生产原油 637 万吨。1980—1990 年，胜坨油田进行全面综合调整，在区域内进行大量的流程改造和油站扩建等工作。至 1990 年年底，胜坨油田共安装各类井口 1265 套、各类管线 1430 千米，建成各类站库 352 座，架设输电线路 460 千米。

1991 年始，胜坨油田产油进入特高含水期，胜利采油厂实施以“控水稳油”为重点的系统工程建设，先后综合调整胜 2 区沙三段等 7 个产能区块。1993 年，陆续在坨三站、坨四站、坨五站、坨六站、坨一站安装大罐抽气装置。1994 年，采用玻璃钢管材，对

坨一联合站（2008 年）

胜坨油田生产矿区一角（2008 年）

坨三站污水系统进行改造，取得良好效果。原油外输线采用阴性保护技术，防腐效果明显。1995 年，胜坨油田产油 385 万吨。2002 年，产油 289.68 万吨。

2006 年，胜坨油田勘探工作锁定深层以及沙砾岩体作为有利勘探目标，全年部署探井、滚动井 14 口，新井日增产油能力 110 吨。2008 年，勘探开发重点以区带综合地质研究为基础，加大新技术、新理论应用力度，总结沙砾岩体分布规律，在胜坨北带中浅层沙砾岩体上钻探取得新突破。全年共实施各类措施 517 井次，累计增油 23.14 吨。2010 年，胜坨南部浊积岩勘探取得新进展，全年完钻 98 口新井，投产 89 口，平均单井日产油能力达 4.2 吨。实施整体注采调整单元 10 个，覆盖地质储量 1.74 亿吨。2011 年，实施“退覆式沉积”模式，深化坨 128−10 块成藏规律认识，部署东扩滚动方案，扩大有利含油面积。

2014 年，按照“横向到边、纵向到底、逐层梳理”的理念，胜坨油田持续深化北带沙砾岩沉积成藏规律认识和精细储层描述技术攻关，优化部署探井 3 口，滚动及油藏评价井 8 口。

胜坨油田开发建设 50 余年，累计探明含油面积 81 平方千米，探明地质储量 48407 万吨，累计生产原油 15309.2 万吨，约占胜利油田累计生产原油数量的 19.9%。

宁海油田　1965 年，在境内宁海地区发现断块构造——宁海构造，纳入开发计划，命名为宁海油田，归胜利采油厂管辖。

1982年9月起，胜利油田对宁海油田进行滚动勘探开发，仅一年时间就探明含油面积，配套建成年产原油40万吨的生产能力。1983年，生产原油50万吨。是年，宁海油田油气集输密闭流程试验工程开始做方案，1984年4月，完成方案设计，全部预算投资1420万元。1985年，该工程由胜利油田油建一公司四大队负责施工。1986年6月，流程投产，投产后相继安装和调试自动化仪表，并根据油田变化作相应整改。1987年5月1日，宁海油田密闭流程全部投产。

2006年，胜利油田地质所勘探室技术人员根据宁海地区复杂的地质构造特点，以钻井资料为基础，对宁海地区坨94断层下降盘的复杂断块进行整体研究、评价，先后部署4口新井，均取得较好钻探效果。宁海地区坨166块完钻的第三口新井——坨166-3井也取得较好钻探效果。该井电测解释沙二7油层3层9.2米，初期获得日产原油24吨的高产油流，探明新增石油地质储量40万吨左右。

2008年，通过对老井资料的重新认识评价，利用高精度三维地震资料，成功部署坨166-斜1滚动井，获得日产油8.6吨的工业油流，宁海复杂小断块油藏又有新发现，勘探研究进入新阶段。2011年，实施“退覆式沉积”模式，深化坨128-10块成藏规律认识，部署东扩滚动方案，扩大有利含油面积。2014年，在宁海北带部署坨193井，宁海北带沙砾岩勘探取得突破。

宁海油田星罗棋布的油气井（2008年）

驻境油田机构

胜利采油厂

1964年3月6日，九二三厂将试油区队更名为试采指挥部，是油田所属从事石油天然气勘探开发的二级骨干生产企业。1965年11月21日，九二三厂试采指挥部析出井下作业指挥部，试采指挥部更名为采油指挥部。1972年7月26日，采油指挥部更名为胜利采油指挥部。1989年8月1日，更名为胜利采油厂。2000年10月11日，更名为中国石化胜利油田有限公司采油厂。2014年，采油厂有三级单位14个，基层单位156个，用工总量7646人。作业范围为垦利县的胜坨镇、垦利街道办事处区域及东营市东营区北部区域，面积230平方千米，辖胜坨、宁海2个油田。2014年，生产原油201万吨，天然气7891万立方米。

一矿　1987年6月5日成立。地处境内中部，南靠永莘路，西邻王营河务段，北倚南展大坝。管理胜一区、宁海油田和王庄油田，下设17个基层队，辖区面积约48.57平方千米，涉44个自然村。

胜利采油厂一矿办公楼（2008年）

二矿 1964年3月成立，位于胜坨镇直机关驻地东南7千米，永莘路以南，海北、海中、海南三村地界交汇处。成立初期称九二三厂试采大队，驻垦利区垦利街道办事处后苟村西侧附近。1969年12月，九二三厂试采大队更名为胜利采油指挥部一大队，并将大队机关驻地迁往现址。1987年7月，该大队更名为胜利采油厂二矿，下设20个基层单位，管理着胜坨油田二区1162口油、水井，107座计量站、配水间。

作业大队 1969年12月组建，位于胜坨镇直机关驻地东7千米处，永莘路北侧，占地0.3平方千米。1979年7月，拆分为作业一大队和二大队。1984年4月，成立作业三大队。1986年1月，作业二大队、三大队分别归现河、东辛指挥部管辖，作业一大队更名为作业大队。下辖34个基层单位，主要负责胜坨、宁海两大油田2300多口油、水井的井下作业施工任务。

井下作业公司

1965年11月成立，属胜利油田二级单位，主要承担油田海陆勘探试油、油水井大修、套管内侧钻探、地层测试、稠油试采、压裂酸化及疑难区块开发等任务。至2014年年底，公司拥有员工4071人，各类生产设备1090台（套）。

井下集油站 1997年11月始建，1998年8月投产，位于镇直机关驻地东南6千米，坨六站东侧，占地0.04平方千米，是集卸油、处理、输油于一体的综合油站，管输进站液量1300立方米/日，储油能力1.2万立方米，日卸液量、处理量6000立方米，平均每天外输液量3000立方米，年处理规模45万吨。

电力管理总公司 1983年前，胜利油田的电力管理由油田水电指挥部负责。1983年9月，胜利油田成立供电公司。1992年12月，供电公司与油田电力处合并，成立电力管理总公司。公司位于镇直机关驻地东5千米处。主要负责胜利油田生产、生活供电保障任务。管辖35～220千伏变电站182座，6～220千伏电力线路685条、5841.44千米，电网覆盖东营、滨州、淄博、潍坊4个市的12个县区80多个乡镇，工作区域面积3.2万平方千米。2014年，公司完成转供电量69.62亿千瓦/小时。

油区共建

油区工作机构 胜坨油田开发初期，华北石油勘探会战总指挥部（简称会战总指挥部）为加强工农工作，成立农副业办公室。中共华北石油勘探会战总指挥部工作委员会（简称会战工委）副书记焦万海兼任中共垦利县委书记，副指挥李雨轩兼任中共垦利县委副书记并主持垦利县委全面工作，2 名处级干部被派遣到油田重点开发区——胜坨人民公社任职。

1982 年，境内胜坨、宁海和胜利三人民公社相继设立工农工作办公室，后改称油区工作办公室。工作任务是宣传、支持和保卫油田开发建设，帮助油田解决实际困难和问题，加强工农联盟，搞好工农关系，整顿油区秩序，加强对油、气、水、电等设施和油田物资器材的保卫管理，确保油田各项工作的顺利进行。2001 年 2 月，随乡镇区划调整，胜利和宁海乡的油区工作办公室并入胜坨镇油区工作办公室。2002 年 10 月，土地工作

胜坨镇油区工作办公楼（2008 年）

并入，更名为胜坨镇土地油区工作站。2005 年 8 月，土地工作析出，复称胜坨镇油区工作办公室。至 2016 年，油区工作机构无变化。

落地原油回收管理 20 世纪 60 年代中期，胜坨油田开发生产的落地原油成为当地农民做饭和取暖的主要原料，一度缓解了居民燃料紧缺的问题。

60 年代末至 70 年代初，油田生产能力不断扩大，落地原油数量也相应增加，油区群众开始尝试利用落地原油烧砖瓦窑。至 70 年代中期，境内的砖瓦窑厂大部分用落地原油作燃料。后期，当地个人或生产队把落地原油收集起来装进大铁罐，用土法炼油获利。境内出现过土法炼油热，最高年份土法炼油一年可消耗 6 万吨落地原油，造成国家资源严重浪费，还易引发爆炸、伤亡、污染事故，危及人民群众生命财产安全，成为油区治安不稳定的主要因素，地方人民政府为此做了大量治理工作。

70 年代末，作为对当地人民群众支持油田作出巨大贡献的一种补偿，国家将落地原油交由地方回收。宁海、胜西、海中、海北、胜利等 5 个落地原油回收队成立，队员 60 余人，有 12 马力拖拉机 15 部。80 年代初，经山东省经济贸易委员会批复同意，胜利油田会战指挥部提出由地方人民政府组织回收、看管落地原油，并提出将落地原油用于省内的小炼油厂、钢铁厂、玻璃厂作原料、燃料，解决山东省重点企业原料、燃料紧张问题。1986 年，针对落地原油含沙、含水、含杂质严重，油质差的状况，境内建立宁海、胜西、海中、海北 4 处落地原油净化站，修建锅炉 4 台，净化池 12 个，对落地原油作净化处理。1991 年，建立胜利村、海南村落地原油净化站，修建锅炉 2 台，净化池 5 个，占地 2000 平方米，投资 14 万元，管理人员 5 人。1996 年 5 月 6 日，垦利县根据山东省人民政府"加强落地原油的管理，对于处理好工农关系，确保油田生产顺利进行，发展地方经济，具有重要作用，落地原油利益留地方"指示精神，下发关于加强原油管理、禁止私收落地原油的紧急通知，加强政策宣传力度，提高群众遵纪守法的自觉性，加强对落地原油回收工作的组织领导，保证原油点滴回收，进一步做好落地原油回收和原油管理工作。1999 年 12 月 1 日始，按照规定，境内原油回收队员使用新的回收证和回收车辆标志牌，原回收证和标志牌作废。

2002 年 4 月 10 日，垦利县人民政府与胜利石油管理局油地工作处共同签署搞好油区共建工作协议，关闭所有净化站点，解散收油队伍，取消所有回收车辆，收回所有证照。落地原油由油田组织回收，地方负责回收秩序维护。

油区安全综合治理专项行动动员大会（2014 年）

油区治安综合治理 20 世纪 70 年代中期，垦利县地方能源办公室与胜利油田工农处联合设站卡进行检查，对私拉外运原油和油田物资车辆进行严厉打击，胜坨油区是重点检查区块。80 年代初，针对部分收购者非法收购油田废金属，扰乱油区生产生活秩序的情况，胜坨公社油区工作办公室采取设卡建站、守候检查等措施，堵截非法外运的油田专用物资。

80 年代末至 90 年代初，原胜坨乡（镇）在维护油区生产秩序上探索总结出乡包矿、村包队、人包井和定岗位、定人员、定职责、定奖惩的“三包四定”治安防范措施。

1996 年年初，原胜坨镇修订《油区办综治办工作职责》《综治办工作人员职责》《稽查队职责》《检查人员约法五章》等 7 项工作制度，强化“油区治安无小事”责任意识，本着“地方出人，油地共同出资”原则，组织成立 8 支 50 余人的专职巡逻队和 36 支 192 人的义务巡逻队、20 支 200 人的护井队，实施镇、村与辖区内油田二、三级单位“结对子”的联防联治措施，并签订“共建责任书”，进一步搞好油区治安综合治理工作。同时，建立严格的案件查处档案和罚没收缴资金台账管理制度，乡镇与公安部门紧密配合加强油区治安，坚持流动检查与连续夜查相结合的办法，扩大治理深度和广度，打击违规违法行为。

1997 年年初，胜坨镇制定《1997 年油区综治工作规定》《清理取缔非法“三小一点”活动方案》，与油田公安机关协同作战，采取拉网式方式对所辖油区秩序进行集中治理整顿，取缔非法“三小一点”（小化工、小轧钢、小炼油和废旧物资收购点）。对农村供电、供水等管网进行改造，从根本上解决偷水偷电等问题，使油田生产成本明显降低。同年10月29日，垦利县创建全国文明油区现场会在胜坨镇召开。1998年，胜坨镇被中共东营市委、市人民政府及胜利石油管理局授予“创建全国安全文明油区先进乡镇”，被省、市、县授予“社会治安综合治理先进单位”“安全文明乡镇”等称号。

1999年4月14日，山东省“维护油区治安稳定，开展油地共建活动”会议在东营市召开，推进了油区治理活动开展，使境内全民参与油区综合治理的良好氛围更加浓

1999年7月，全国企地共建安全社区工作现场会在东营市召开

1999年7月，全国企地共建现场会与会人员参观胜坨观摩现场

厚。至年底，原胜坨镇油区治安稽查队共修订制定各项制度、职责及规定 24 项 60 条。同年 7 月，全国企地共建安全社区工作现场会在东营市召开，原胜坨镇及海北村定为现场观摩点，时任镇党委书记王秀华代表中共胜坨镇委员会、镇人民政府在大会上作典型发言。

2005—2008 年，胜坨镇坚持“油区治安重中之重”方针和“打防结合、预防为主”工作思路，以创建“平安油区”为目的，与驻境油田单位联合开展集中整治，严厉打击涉油违法犯罪。

2010 年，胜坨镇油区、公安、安监、工商与油田综治等部门联合，对私拉乱接油田天然气、私收油田废旧物资器材与原油等问题进行集中治理和专项整治，共计行动 15 次。是年，胜坨镇开展油区治安秩序“百日整治”行动，出动整治车辆 800 余车次，参加人员 1200 余人次。

2014 年，全镇在油区开展以“打团伙、挖窝点”为主题的集中整治“百日行动”，对各类涉油违法犯罪线索和非法生产经营窝点全面深入细致排查摸底。随后，在镇综治办统一协调调度下，镇派出所、油区办、工商所、法院、检察院等部门密切配合，对非法小化工、小轧钢、小炼油与废旧物资收购点，超范围经营化工企业及非法用气户予以取缔，共查处非法运输原油行为 4 次，非法用气点 5 处，涉油物资回收点 2 处。

2016 年，胜坨镇继续开展以“打团伙、挖窝点”为重点的油区治安综合治理工作，联合区公安、行政执法、油区办公室和油田综治办公室等部门，对私拉乱接油田天然气、废旧物资和原油等行为进行集中整治和专项治理。工作中，注重发动职工群众群防群治，大力开展法制宣传，全力营造共驻共治格局和浓厚氛围。2016 年全年共出动宣传车 200 余车次，印发宣传材料 8000 余份，截获私拉原油 300 余起，取缔私收原油窝点 15 处、乱接天然气 450 余处。

油地共驻共建

自胜利油田勘探开发建设之始，地方在生活物资供应方面，克服困难优先保障，主动解决好油田职工生活所需。在勘探开发建设用地方面，坚持地上服从地下原则，保障油田开发建设用地。油田在开发建设的同时，坚持基础设施建设兼顾地方利益，带动地方发展，支援地方建设，振兴地方经济。油地双方共创共驻共建、共兴共荣格局，形成互助友爱、同心同德、共同发展的优良传统。

地方服从油田开发 石油勘探开发初期，正值中国三年困难时期，境内群众生活非

境内农民投入石油开发建设（1966 年）

常困难。当地农民以红薯干为主食，口粮不足，常以野菜、草籽、草根、树皮等充饥。在这种情况下，地方人民政府对油田职工的粮食供应定量总是千方百计予以保证，并且大部分供应细粮，少部分供应杂粮粗粮。二十世纪七八十年代，在商品紧缺、物资匮乏的情况下，地方人民政府本着“紧地方，不紧油田”的原则，对油田单列计划，组织粮油、食品、水产、书店、银行、邮电等部门服务到油田生产工地。

在政策允许的范围内，对油田打井用地，地方尽最大努力予以支持，实行“先用后

胜坨油区人民群众支援油田建设场景（1966 年）

征”和“先撤井后结算”方式，保障油田生产不受影响。对辖区内油田所上项目，地方环保部门根据权限，主动审查、勘验，做到把关适度，手续简便，对可上项目，一律从快办理。对油田单位委托监测的项目，做到行动及时、迅速，数据准确无误。地方积极扶持油田发展第三产业，积极为油田部门提供商品生产信息，放宽、放活经营方式，多方面为油田企业提供方便，使油田三产企业取得更多效益。

20 世纪 80 年代始，胜坨镇按照垦利县的统一部署，积极开展“热爱垦利，热爱油田，工农一家，共兴共荣”的宣传教育活动，宣传中央“统一思想，齐心协力，奋发进取，讲求实效”和中共山东省委“团结、开发、建设”的指示精神，宣传中共东营市委、市人民政府“顾全大局向前看，讲团结，求发展”的方针，动员干部群众高举团结旗帜，统筹规划，搞好油地结合，发展油地经济，共建富裕文明油区，走兴油富民、共同发展的路子。

1981 年始，胜利油田在境内打井作业，推行由地方人民政府包干做群众工作的办法，改变以往油田建设单位逐村逐户做工作易发生纠纷多、工程上得慢、生产受影响等工农矛盾。地方油区工作办公室为油田代办土地征占手续，组织设置油田施工范围标志，调集、配置油田临时所用民工，保质保量按时完成合同中议定的各项任务。负责协调、衔接油田各工种之间土地占用范围和期限，负责安排井场内物资保卫工作值勤人员，检查值勤人员工作情况。值勤人员根据守则，主动处理好施工过程中出现的工农矛盾以及损害赔偿等问题，协助油田做好对施工队伍和附近村庄群众的宣传教育工作。

1983—2016 年，境内乡镇油区工作办公室每年都组织一至两次大型集中宣传教育活动，使工农关系日益密切，“地上服从地下，地下兼顾地上，共同开发建设黄河三角洲”的思想意识逐步被广大群众所接受。油区工作人员自发成立油区义务环保队、服务队、巡逻队，义务为油田修理井场、通井路，清理污染土地、污水沟、污油池，帮助油田作业单位处理生产中出现的重大事故，保证油田开发建设畅通无阻。2008 年始，境内一度出现涉油工程违法招投标等问题。胜坨镇积极应对，充分担当起“一手托两家”的重担，维护保持油区经济形势稳定和繁荣。

油田支持地方建设　胜利油田在境内的规划建设，始终坚持“工农两利，油田与地方共同发展”的方针，做到发展工业和发展农业相结合，工业用水和农业用水相结合，油田防护工程和农田排涝治碱相结合。凡油田建设的供水、供电、通路等大型骨干工程，都切实兼顾地方利益，立足带动当地经济发展。1982—1992 年，胜利油田先后支援当地支农资金700万元。1996年，油田单位为地方经济建设投入机械200台（班），化肥12吨，油料12吨，管材1500米，资金100万元。至2000年，胜利油田多方帮助地方群众开发荒碱地种植水稻、莲藕，帮助改善了12.67平方千米旱田的灌溉条件。

胜利油田还帮助地方修筑排涝、抗洪工程，提供抗旱应急设施，提高油区群众抗御自然灾害的能力。1985年年初，黄河发生凌汛，水流受阻漫滩，境内滩区耕地被淹。胜利油田广大干部职工心系灾区群众，在积极帮助灾区群众做好恢复生产的同时，捐款捐物支援灾区。1999年，为帮助农村加快脱贫步伐，油田单位组织开展包扶乡镇、村工作。胜利采油厂与胜利乡结成帮扶对子，无偿为胜利乡发展经济提供价值96万元的物资、机械等。

“六抓促六联”机制探索实践 1997年始，中共胜坨镇委员会、镇人民政府在推进油地双方发展上探索出工农联心、治安联防、设施联建、生产联营、资金联股、人才联用的工农共建“六联”路子，深入开展创建“全国安全文明油区”活动，并把这一活动列为“一把手工程”，建立领导责任制、目标管理责任制、一票否决制等责任制度，完善严格的督查、考核、奖惩、监督等约束机制，保证创建目标全面落实。在创建“全国安全文明油区”活动过程中，2006年又总结出观念上抓共识、组织上抓落实、队伍上抓网络、管理上抓规范、治理上抓联动、共建上抓实效，以“六抓”促进“六联”落实的工作经验。胜坨镇在油区共建工作上，以“服务油田、促进油地结合”为宗旨，树立油区工作无小事的意识，凡涉及油企生产、生活的事，坚持做到急事急办，特事特办，超前服务、跟踪服务、善后服务三到位。至2014年，胜坨镇与油田驻境单位结成帮扶对子7个，新建油地工农共建路2条，协调处理工农纠纷50余起，挽回油田损失300万元。2015—2016年，胜坨镇人民政府坚持教育广大油区群众树立大局意识，正确处理国家、集体和个人三者之间的利益关系，支持油田驻境单位克服生产困难、转型发展，共同维护好“油田关心群众利益，群众支持油田建设”的良好局面。

“大庆加大寨”试点 胜坨油田开发建设初期，华北石油勘探会战总指挥部设想规划把油田建设成像大庆一样，油区农村建设成像大寨一样，把胜坨油区工农业生产建设成全国的两个先进典型。

1965年春天，石油工业部副部长康世恩到胜坨视察，发现群众生活十分贫困，便召开有关方面负责人参加的会议，号召在油井最集中的胜坨人民公社走“大庆加大寨”之

黄河滩区的“油洲加绿洲”（2016 年）

路，并作出以海北、海南、海中（合称“三海”）和郑洼（后改称工农村）四个大队为首批试点村的决定。随后，康世恩带领焦力人、焦万海等油田负责人到郑洼村现场办公，指导规划村庄建设，调度安排援建项目，将规划建设的一条南北大道叫工农路，东西方向的村前主街道叫大庆路，村后主街道叫大寨路，其他街道依次叫团结路、丰收路、富强路等。计划给村里配套水、电设施，还要建设大队办公室、商店、阅览室、卫生室等公共服务设施。康世恩将郑洼村改称工农村，以体现工农共建、工农一家亲的欣欣向荣局面。

1965 年 12 月，华北石油勘探会战总指挥部开始在胜坨油区抓“大庆加大赛”建设落实工作，指派油田相关各二级单位干部到胜坨人民公社小宁海一带包村，实行“三同四带”帮扶，即与农民同吃、同住、同劳动，带领农民学政治、学文化、学技术、学科学种田。包村干部住在村生产队办公室，一个月轮换一批。焦万海、焦力人、张慎三等油田负责人身先士卒，到田间到户检查农村生产生活进展情况，调度组织油田有关单位帮助协调解决试点村缺少畜力、肥料、灌溉设备等问题。从大庆协调调来几十头牛分给每个生产队，队均 3 头牛；求援协调来大批尿素、氨水、磷肥等肥料，保证农业生产所需；调来安装大马力提水灌溉设备，保证农业灌溉用水。试点村的水稻开发生产实现当年开发当年见效，获得大丰收。

1966 年夏天，石油开发会战需占用大片土地，油区人民心甘情愿地弃小家顾大家，全心全意投入到支援油田的开发建设中。油田可随时使用庄稼地，并及时给予补偿，每亩耕地的补偿费 28 ~ 33 元，未种土地和碾压损坏的土地无补偿，麦苗每亩补偿 3 ~ 5 元种子钱，成熟小麦每亩补偿 15 元。至 2016 年的 50 年内，全镇向油田提供土地 26.66 平方千米，十几个村成为“无地村”，为油田开发建设做出巨大贡献。

正当“大庆加大寨”搞得红红火火的时候，“文化大革命”开始，“大庆加大寨”工作被当成“复辟资本主义”的黑样板遭受批判被停止。1972 年 11 月，“大庆加大寨”试点工作恢复，胜利油田会战总指挥部抽调 300 名干部继续深入胜坨人民公社的村队开展为期一年的“三同四带”帮扶工作。1973 年 10 月，又派出第二批 200 人继续抓试点工作，取得显著成效。翌年 10 月，“大庆加大寨”试点工作停止。

经济强镇

胜坨镇原是以粮、棉为主的传统农业乡镇。新中国成立后，工农业得到较快恢复和发展。

20 世纪 90 年代始，境内发展高产高效优质农业，农业农村经济发展步入快车道。21 世纪始，实施农业产业化，改善生产条件，调整种植业结构，逐步形成粮棉、畜牧、水产、桑蚕、林果、蔬菜六大产业。2012 年起，全镇大力转方式、调结构，走规模化开发、园区化经营之路，现代化农业建设迈出新步伐。

境内工业起步于20 世纪 80 年代初，围绕服务油田上项目，一批乡镇企业迅速崛起。20 世纪 90 年代末率先实施“工业强镇”战略，2010 年始，坚持走“产学研”结合之路，中共十八大召开之后，坚持高质量发展，发展起精细化工、橡胶轮胎、石油装备、建筑建材、存储物流等工业产业，涌现出中国万达集团、胜通集团、东辰集团等一批企业集团，胜坨镇迈入全国乡镇综合实力 500 强行列。

农业六大产业

胜坨境域农业原以种植粮、棉为主。1992 年始，各乡适应商品经济发展需要，推行科学种田，提升社会化服务水平，积极发展“双高一优”（高产、高效、优质）农业。1996 年始，推进农业专业化生产、一体化经营、社会化服务、企业化管理，逐步形成贸工农一体化、产供销一条龙的农业产业化格局。2002 年始，进一步调整农业产业结构布局，大力发展畜牧、水产等产业，培植壮大优势产业，大搞农田水利基本建设和土地综合开发，逐步形成粮棉、畜牧、水产、桑蚕、林果、蔬菜六大产业。

千亩棉花丰产方（2016 年）

粮棉业

主要作物种类 粮食作物主要有小麦、玉米、大豆、水稻等，其中小麦、玉米种植面积最大。黄河滩区面积 933 余万平方米，是小麦主产区。滩区耕地为黄河泥沙冲积而成，土质肥沃，土地深厚，营养元素丰富，有机质含量高，加之光照充足，气温适中，非常适合种植小麦。所产小麦富含淀粉、蛋白质、脂肪、矿物质及多种维生素，营养价值高，被冠以垦利黄河滩区小麦之称，是国家地理标志农产品。经济作物主要有棉花、花生、芝麻、蓖麻等，以棉花为主。

棉花 清末境内始有零星种植。新中国成立后，境内响应国家号召，大面积推广种植棉花。实行家庭联产承包责任制后，植棉面积大幅上升，棉花生产连年丰产丰收。尤其是 20 世纪 80 年代，曾一度出现卖棉难景象。乡棉花收购站开秤收棉时，棉农半夜早起排队等候，卖棉的车队排出几里长，有时甚至等到第二天才能卖掉。2002 年，皮棉平均亩产达 57 千克，植棉经济效益较前有明显提高。后来适应性抗病性强、开花早结蕾大而多、产量高的棉花新品种被大量推广种植，品种一轮轮被更新，皮棉平均亩产突破 90 千克。2014 年，棉花种植 2823.6 多万平方米，产籽棉 2837.7 吨。2016 年，棉花种植 1524.4 万平方米，产籽棉 1277.62 吨。

小麦、玉米丰产方 1997 年始，实施小麦、玉米丰产方建设，推进小麦、玉米生产高产、优质、高效发展。滩区小麦平均亩产 500 千克，部分地块亩产可达 600 千克以上。宁海西滩玉米亩产均在 600 千克以上，好年景好地块亩产 750 千克以上。随着人民生活水平的提高，早春地膜玉米进入餐桌，糯玉米、高油玉米、甜玉米等特用品种开始大量种植。2014 年，粮食作物播种面积 4444.9 万平方米，总产 2.78 万吨。2016 年，粮食作物播种面积 6103.47 万平方米，总产 4.01 万吨。

众兴小麦种植专业合作社 2011 年 5 月成立。该社年种植垦利黄河滩区小麦 80 多万平方米，获得“无公害农产品”认证。同时，开发种植小杂粮、莲藕。建有石磨面粉加工车间，生产销售石磨全麸面粉、杂粮面粉等面粉产品，实现了产业化经营。2012 年，该合作社被评为“市级优秀合作示范社”。2013 年 2 月，该社成立伟业家庭农场，间接流转小张村 53.33 万平方米耕地，建立起黄河滩区绿色小麦种植示范园，改变农民组织参与农业生产方式，把农民从繁重劳动中解放出来，带动了周边农民致富。

2014 年 4 月，该社与山东省农科院联合成立山东省农科院黄河三角洲众兴小麦博士

众兴小麦种植专业合作社使用三角翼小型农用植保飞机作业（2015 年）

工作站，依托博士工作站技术力量和合作社土地资源优势，在宁海黄河滩区规划 6.67 万平方米小麦实验田、73.33 万平方米小麦示范田。实验田采用“两深一浅”小麦种植综合配套适用技术，实现高产稳产。“两深一浅”即振动深松打破犁底层，促进根系生长；分层深施肥（17 ~ 20 厘米），提高肥料利用率；适当浅播，确保苗全、齐、匀、壮，提高小麦的抗逆能力。试验田种植的小麦平均亩产 620 千克。是年，该社被评为“山东省优秀示范合作社”“全国示范社”。该社所在地小张村获“山东省一村一品示范村”称

小麦良种试验基地（2008 年）

号，“齐鲁众兴”牌小麦产品商标，2016年被认定为山东省著名商标。

畜牧业

发展历程 中共十一届三中全会以后，随着家庭联产承包责任制的落实，境内畜牧养殖业发展条件越来越优越。养殖模式由单一散养型向规模集约养殖型转变，养殖专业户、养殖大户不断涌现。20世纪90年代始，规模养殖迅速发展。2016年，全镇肉类总产量15480吨，拥有标准化畜牧示范场国家级1处、省级4处、市级标6处，市级畜牧龙头企业3家，畜产品获有机认证3个、无公害认证9个。

生猪养殖 实行家庭联产承包责任制之后，境内农户养猪积极性陡涨。1985年，生猪存栏量猛增至近2万头。随后，其他养殖项目增多，境内农户栏圈养猪减少，开始出现规模化养猪。2006年，全镇养猪专业户985户，生猪存栏量3.58万头。2014年，全镇生猪存栏量9.1万头。2016年，生猪存栏7.2万头。

坨南村养猪小区一角（1998年）

家禽养殖 养鸡成为境内部分农户发家致富的重要渠道。进入20世纪90年代，“养鸡热”持续升温，规模饲养专业户大量涌现。鸡的品种不断更新，莱航鸡、星杂288、星杂579、伊沙、海兰等优良品种先后被引进，同时引进爱拨盖尔、双A等肉鸡品种。2014年，全镇鸡存养量30余万羽，鸭存养量6.59万羽，蛋类总产量4073吨。2016年，全镇家禽存养量59.59万羽，其中蛋鸡11.25万羽、肉食鸡21.46万羽、鹅0.11万羽、鸭26.77万羽，蛋类总产量4235吨。

奶牛养殖 2003年，全镇奶牛养殖业迅速发展。2008年，“三聚氰胺奶粉事件”发生后，胜坨镇奶牛养殖业也遭受重创，散养奶牛全部被淘汰，规模化的奶牛养殖迅速发展。2014年，全镇建有省级标准化奶牛示范场2处，市级标准化奶牛示范场1处，全镇奶牛存栏量2360头，年产鲜奶8968吨。2016年，全镇奶牛存栏量1567头。

坨南生猪养殖专业村 1998年，该村投资100万元，建成全镇（原胜坨镇）第一个生猪养殖小区，年养殖规模6000头。1999年，投资150万元，建成第二个小区，年养

东旭牧业奶牛养殖场（2015 年）

殖规模 1 万头。2000 年，投资 36 万元，建成养殖小区配套水库 1 座，库容量 20 万立方米。2001 年，投资 500 万元，建成第三个小区，年养殖规模 3.6 万头。3 个养殖小区，总占地面积 13.3 万平方米。养殖的生猪主要被销往广东、江西、福建、香港、澳门地区及出口日本等国家，生猪养殖成为全村支柱产业，该村也成为远近闻名的“养猪冠军村”、全市经济强村。2001 年，该村仅养猪一项年收入 750 万元，人均纯收入 4500 元。2014 年，全村养猪户达到 184 户，生猪存栏量 1.69 万头。2015 年，全村生猪存栏量与 2014 年比略有下降。2016 年，全村养猪业大幅度下滑，养猪户数降至 49 户，生猪存栏量降至 4897 头。

伟浩生态养殖公司 位于境内胜采一矿北 200 米，崔家村西南，辐射崔家、王营、戈武、坨西、坨南、坨东、小务头 7 个村，惠及人口 1 万余人。2008 年 3 月开工建设，建有高标准生态养殖猪舍 17 栋，配备先进的养猪设备与器械，建有高标准高温蔬菜大棚 34 栋，建鸡舍 6 栋、育雏室 1 栋。拥有技术员 5 名，其中，有 2 人被纳入胜坨镇新农校师资库。2010 年，该公司与 59 家养猪大户签订服务协议，定期提供技术指导和业务培训，在培育一批懂经营、会管理的新型农民养殖大户上发挥了积极作用。同时，还在服务农村、服务农民、带动当地种植业结构调整上起到示范作用。至 2016 年，该

伟浩生态养殖公司的林下食用菌种植（2013 年）

公司可带动周边近 3000 户群众进行生态生猪养殖、林下畜禽养殖、林下食用菌种植和无公害蔬菜大棚种植，年增产值 1320 万元，户均收入 4500 元。

水产业

发展历程 20 世纪 80 年代，境内淡水养殖快速发展。1986 年，水产养殖面积 100 万平方米，年产量 30 吨。1985 年冬至 1989 年春，胜坨、宁海、胜利三乡按照中共垦利县委、县人民政府安排，连续组织大规模沿海滩涂开发，发展海水养殖对虾业，获得成功。1987 年，水产养殖面积 116.67 万平方米，年产量 40 吨。90 年代初期，因受流行性

胥家村网箱养鱼池塘（2008 年）

病害影响，对虾大面积发病，对虾养殖业跌入低谷。境内调整养殖模式和品种，海水养殖业逐步复苏，水产养殖户掀起二次创业高潮。90年代中后期，引进推广罗非鱼、建鲤、埃及胡子鲶、澎泽鲫、南美白对虾等新品种养殖，但规模稳中趋降。2001年，养殖面积47.8万平方米，2002年，养殖面积30万平方米。2008年起，垦利县实施现代渔业示范区建设，胜坨镇（原胜坨、宁海、胜利三乡）的虾池被纳入统一开发建设片区，胜坨镇退出在该处的水产开发养殖。

21世纪初，胜坨镇的淡水养殖由传统粗放养殖方式向生态精养方式转变。通过实践探索总结出上农下渔、网箱养鱼、鱼鸭混养、稻田养鱼、稻中养蟹、大棚养鱼等多种高效生态养殖新模式，增氧机、投饵机、配方饵料等养殖先进手段大面积应用，养殖新技术迅速推广普及，养殖面积不断扩大。辖区内开始大力建设特色水产养殖园区和龙头企业，调整优化水产养殖结构，产业化、标准化、现代化进程加快。十里长廊水产养殖区成为全镇促进农业调优、农村发展、农民增收的水产养殖主导区和示范区。2014年，全镇养殖面积1182万平方米，渔业总产值26621万元。2016年，渔业总产值33256万元。

上农下渔 亦称上粮下渔，此为胜坨镇在农业综合开发中改造利用盐碱地所采

上农下渔片区（2008年）

取的一项重大举措。境内黄河南展大堤以内的土地原为荒碱薄地，长期受旱涝盐碱的侵蚀，瘠薄、疲羸、荒芜。2002年，胜坨镇借鉴外地经验，结合本镇实际，通过挖水塘、筑台田、抬田面，降水位、控盐碱、改土质等方式，改造开发利用盐碱地，台上土地种粮棉菜或养殖畜禽，台下池塘里放养鱼虾蟹，开辟出盐碱地开发利用的新途径。在开发工程实施上，由镇人民政府统一规划、组织、施工、建设，引导各村将台田、池塘承包给思想活跃、创新意识强的农户发展种养业，镇农技站技术人员跟上服务指导。其间，镇人民政府又聘请水产专家指导，推进水产养殖结构品种调整，扩大河蟹、南美对虾等高效益品种养殖面积。2007年，河蟹年亩产近200千克，亩产值6000元，南美白对虾亩产250千克左右，亩产值超7000元，经济效益比传统种养模式提高数倍。此后，在该项目基础上开始南展大堤休闲渔业示范区建设。

蔬菜业 实行家庭联产承包责任制前，境内瓜果蔬菜一般为零星种植，以自产自食为主，集市销售为辅。之后，农业种植结构大幅调整，蔬菜种植面积迅速扩大，产量、品质都有较大提高。20世纪90年代初，菜农开始引进温室大棚蔬菜种植技术，新的反季节蔬菜瓜果不断落户境内，绿色无公害蔬菜瓜果种植面积日趋扩大。2014年，种植瓜菜31.47万平方米，总产量972.1吨。有大白菜、小白菜、韭菜、菠菜、芫荽、芹菜、小油菜、苔菜、茄子、辣椒、白萝卜、胡萝卜、西红柿、大葱、圆葱、莲藕、大蒜、甘蓝、菜花、土豆、山药、南瓜、北瓜、冬瓜、西瓜、甜瓜、黄瓜、丝瓜、西葫芦、豆角、扁豆、芸豆等百余个品种。2016年，种植瓜菜107.4万平方米，总产7054.67吨。

2016年胜坨镇农产品品牌建设一览表

表5

认证类别	产品名称	认证机构
有机产品认证	豆角、包头菜、芹菜、小白菜、黄瓜、西红柿、圣女果、辣椒、杭椒、甜椒、苋菜、散叶莴苣、莜麦菜、苦苣、菜花、韭菜、玉米、大豆、蛋鸡、鸡蛋、猪	北京五洲恒通认证有限公司
无公害产品认证	生鲜牛乳、莲藕、草鱼、猪、生猪、韭菜、辣椒、茄子、西红柿、黄瓜、豆角、芹菜	农业部农产品质量安全中心
	鲜鸡蛋	山东省畜牧兽医局
绿色产品认证	小麦	农业部农产品质量安全中心

桑蚕业 20世纪40年代末50年代初，境内村民开始在村头沟边闲散土地上栽种桑树，发展桑蚕养殖业。60年代末至70年代初，村民开始发展蓖麻叶养蚕，至80年代中断。1995—2006年，胜坨镇实施农业生产结构调整，大力发展植桑养蚕。1998年，胜坨镇确定桑蚕业为本镇四大主导产业之一，种植桑园606余万平方米。2002年始，胜坨镇改革桑园经营方式，实行大户承包，建成集约化养蚕大棚200栋。为扶持养蚕户建大棚，镇财政给予每平方米7元（每个棚补1400元）的资金补贴，并给予每户财政贴息贷款3000元支持。植桑养蚕成为农民致富的一大产业，一般年份产鲜茧5万千克，年产值80万元。海东、宁家两村发展成为境内桑蚕专业村。至2009年，境内实行农村土地经营权流转改革，农业生产结构调整，养蚕业因桑蚕价格偏低、种养相对费时费力等原因停止。

林果业 早在清代，境内农村就有在宅院的房前屋后和闲散地块种植桃、杏、梨、苹果、枣、石榴、葡萄等果树的习惯。20世纪80年代，佛头寺村开始大面积栽种苹果树，面积18万平方米。品种是从烟台、青岛、泰安等地引进的红富士、青香蕉、红香蕉、金帅和国光等优良品种。1985年，佛头寺村产苹果50吨。进入21世纪，胜坨镇林果种植面积持续扩大。2010年，胜坨镇林果产量1381吨，2015年，林果产量2050吨，2016年，林果产量2231吨。

生态农业园

2012年后，胜坨镇农业发展进入新阶段，探索规模化开发、园区化经营模式，建设集特色种植、养殖、繁育、加工于一体的高标准生态农业示范园区，投资14亿元打造“一库、两基地、三园、五区”的农业园区建设新格局。

一库

黄河三角洲耐盐碱树种种质资源库 位于天宁寺生态林场中部，2012年10月开工，

2013年年底完工，占地2.02平方千米，投资3000万元，专门汇集、展示和组培、繁育各类耐盐碱树种，丰富耐盐碱树种的多样性。

两基地

伟浩青少年学生校外活动基地 位于境内崔家村，2008年3月开工，2009年12月完工。基地依托伟浩农业生态园，整合畜禽养殖、蔬菜种植、苗木栽培等资源，增加科普示范、采摘体验等内容，成为安全、规范的青少年学生校外活动基地。

高效克隆快繁竹柳和彩叶林育苗基地 位于境内郑王村，属于沿黄生态林的一部分，占地面积1.33平方千米，投资4300万元。2012年起，进行规划设计，2015年3月开工建设，年底竣工。基地主要包括全自动化种苗克隆大棚、全天候生产大棚、育苗基地和采摘园等部分。

三园

巨丰农业示范园 位于境内常家村，2014年7月开工建设，2015年3月完工，占地2平方千米，投资1亿元。该园利用黄河南展宽区土地平整、成方连片、土质较好、农田水利设施配套等资源优势，发展食用菌、林果种植及深加工，农作物良种繁育和用材林种植等产业，打造绿色品牌，为集种植加工、旅游观光、休闲娱乐为一体的现代绿色农业示范园区。

宏成农业循环经济示范园 位于境内苏刘村，2013年12月开工，2014年5月完工，占地1.33平方千米，投资2000万元，是集农业种植、农产品加工、生态养殖为一体的农业循环经济示范园区。

宝桢农业生态园 位于境内张西村，2012年3月开工，2013年4月完工，占地面积0.33平方千米，总投资1500万元，是以名贵苗木繁育和有机蔬菜种植为主的精品园区。

五区

胜利南展区绿色农业示范区 位于路南干渠以南、胜利干渠以北、黄河大堤以东、南展大堤以西片区，占地面积26.67平方千米，2012年3月开工，2014年10月完工，总投资10亿元。该示范区以巨丰农业园区为龙头，主要包括粮食高产示范区和生态片林基地两部分，主攻做大做强“生态南展、绿色胜坨”品牌，解决胜利社区群众搬迁后的生产和生活保障问题。2016年，示范区种植粮食作物15.07平方千米，营造生态林11.13平方千米。

南展大堤休闲渔业示范区 位于南展大堤北侧、胜利水库以西、王营闸以东片区，是在10千米水产长廊基础上发展起来的，示范区全长10千米。2007年起，该项目实施开发建设。首期投资675.8万元，修建鱼塘152个，建成养殖水面373.33万平方米，安置水产养殖专业户145户，主要养殖南美白对虾、鲤鱼、银鲫、淡水梭鱼、河蟹，年利润1400万元。2014年，实施改扩建工程，再投资5183万元，向西南延至六干渠，新增面积22平方千米，新建休闲娱乐等系列设施，增加服务功能。其中，新整修水池10个；建餐厅1处、管理房2座、木屋5座，建筑面积360平方米；建透水砖铺地广场350平方米，亲水木平台与码头1处850平方米，植草砖铺型停车场1处30个车位；建沥青路面车行道长840米、砂石或透水砖路面人行道长580米、木栈道长400米，宽度分别为5米、2米、2米。2016年，种植果林1.1万平方米，大田蔬菜1500平方米，树木2.3万平方米，并配套完善水、电、通信等工程。该园区是以休闲渔业为主，集水产养殖、休闲餐饮、康健垂钓、果蔬采摘、休闲娱乐为一体的现代渔业示范园区。

胜坨南展大堤休闲渔业示范区一角（2012年）

南展大堤林下经济示范区 2012年3月启动，是多年持续建设项目，已投资5000万元，依托利用南展大堤生态林带，因地制宜发展林下养殖、林下种植、林下休闲等林下经济，增加农民增收渠道。2016年，示范区林下养殖禽类2.1万羽，种植食用菌9000平方米。

王营生态畜牧养殖示范区 位于王营村，设计规模50户，存栏生猪1.5万头。2012年10月动工，2014年完成一期工程，占地7万平方米，总投资5000万元，安置养殖户25户，存栏生猪7500头。示范区采用“单户生产、集体经营”运行模式：单户成立家庭牧场，再共同组建生猪养殖专业合作社，实行良种繁育、生产管理、技术推广、疫病防控、粪污处理、市场销售“一条龙”统一管理服务模式。区内建有沼气池，生产清洁能源，为生态无污染养殖区。2016年，该示范区生猪存栏量9860头。

华强莲藕生态科技示范区 位于天宁寺以北，2013年5月开工，2014年4月竣工，投资2000万元，种植莲藕120万平方米。经营模式为莲藕与泥鳅、草鱼生态混养。2016年，该示范区种植莲藕67万平方米，总产量400万千克，混养草鱼、鲤鱼、白鲢等53万平方米，总产量10000余千克。

华强莲藕生态科技示范区莲藕种植片区（2015年）

农田水利基本建设

建设历程 新中国成立前，境内依靠自然河沟排水，处于“大雨大灾、小雨小灾、无雨旱灾”状态。20 世纪 50 年代起，境内主要进行以治水改土为中心的农田水利基本建设，开挖和疏浚排涝治碱沟河，疏通地面排水和地下排碱水道。同时，修建引黄输送渠道，建设灌区，放淤改土，治沙治碱。至 1985 年，境内兴修成一大批引水、灌溉及蓄水等工程，形成较为完善的供排水系统。1986—1993 年，重点实施引黄灌溉、内河治理等一批工程，改变了旱作农业传统模式。1994—1999 年，以农村饮水蓄水工程建设为重点，建成或提升一批蓄水坑塘、供排水沟渠，农村农业生产生活得到有效改善。1999—2002 年，境内借助国家及省市县各级大搞黄河三角洲农业综合开发机遇，以解决黄河断流时生产生活缺水问题为主，掀起新一轮的水利建设热潮，开始由工程水利向资源水利转变，重点进行蓄水工程建设，开挖大小水库 40 座，总蓄水能力达到 5000 万立方米。2003 年，建设南展宽大堤宁海排灌闸并投用，镇直机关驻地以北土地浇灌难题得以解决，农业生产用水有了可靠保障。至 2016 年，境内新建成褚家支、巴东支、巴西支、胜干渠、广利河、胜南、胜北二支等镇属扬水站 10 余座，总提水能力 20 立方米 / 秒。

排水河道

广利河 自境内王营闸始，沿王营村北向东，从皇殿村和尚庄村之间穿过，至六干秦家渡槽拐向东南，出垦利区境，境内长 11.7 千米，主要承担黄河南展宽区内的农业排水。该河原为自然河沟，属季节性排水河道，后经人工多次疏浚，扩宽延伸至今之河道。1951 年，自崔家村始，沿王营、皇殿等村一线，顺自然流势对广利河进行第一次人工开挖，接入支脉沟。1962 年，从王营村向上疏浚广利河，延长该河道 4 千米。1963 年 11 月至 1964 年 4 月，从南顺堤向下疏浚广利河。1968 年，对广利河进行治理，治理

广利河战备大桥（2007 年）

河段自境内王营村，止点入海处。1978 年，对广利河自王营闸到溢洪河入口以下 1000 米段进行疏浚。1997 年 4 月，对境内河段进行疏浚治理，长度 8.22 千米，疏浚治理工程按五年一遇除涝标准设计，比降 1∶7000，最大排水量 47 立方米 / 秒。是年，在皇殿村右前方广利河河桩号 3^{+600} 处，修建开敞式胸墙三孔口式带桥闸 1 座，设计正常流量 47 立方米 / 秒，蓄水能力 40 万立方米。

广利河皇殿拦河闸（2007 年）

皇殿广利河大渡槽（2007 年）

溢洪河 1951 年，地方人民政府对起于董集镇小街村，贯穿胜坨境的黄河溃决故道进行开挖修成河道，承担防洪、防凌及兼做雨季排涝河道，尾部接入广利河，长 67 千米，流域面积 312 平方千米，其中胜坨境内流域面积 77 平方千米。1967 年春，对王营村至广利河段进行疏浚，投资 90 万元，补助粮食 277.87 万千克。1982 年，分两期对溢洪河进行治理。第一期工期为崔家村至六干排入口段，施工自 3 月 25 日起至 6 月 10 日竣工，长 26.8 千米，并对彩家庄屋子以上 3 千米河段进行裁弯改道。第二期工程为六干排入口至广利河段，施工自 12 月 25 日起至翌年春竣工，长度 21.2 千米，同时，对两侧 15 条支排入口段进行治理。治理工程总投资 283.97 万元，除涝面积 77 平方千米。

1995年3月，第三次对西起镇北砌石墩桥、东至六干排入口段进行疏浚治理，全长24.3千米，并对段内两侧每个支排口向上开挖100米长。

六干排 始于境内史王村南胜干闸，向东经东王村南，沿六干渠北侧东行，于官庄屋子西穿过东辛公路，经垦利街道高盖村南穿南顺堤，于垦利街道成寨村北入溢洪河，原为六干渠截渗沟，是胜坨镇南部、胜利灌区等区域的骨干排水河道。境内长度8.7千米，流域面积31.8平方千米。1966年冬，六干排工程兴建。1973年、1996年两次对其疏浚治理，设计排涝标准为3年一遇，排涝流量为36立方米/秒。

水库

巴东水库 1994年11月至1995年1月，原胜坨镇投资150万元修建巴东水库，占地27万平方米，水面20万平方米，库容40万立方米，可灌溉耕地2平方千米。该水库的建成，完善了巴东村附近荒碱地改造工程水系配套。

胜利水库 位于黄河南展宽区东部末端，因其在东张村东南500米处，始称东张水库，2002年改称“胜利水库”，为垦利区利用山东省黄河三角洲农业综合开发等资金在胜坨境内南展宽工程最下游建设的最大水库。1996年3月，实施一期筑坝工程，库容1500万立方米，总计投资3500万元。2002年始，利用日元协力基金贷款4410万元实施二期衬砌扩建工程，库容增至2500万立方米。该水库围坝轴线长9.26千米，坝体平均高度为7.2米，可年供工农业生产用水1600万立方米，居民生活及其他用水1300万立方米，同时为周边59平方千米耕地灌溉、7平方千米鱼池蓄水供水。

2016年胜坨镇小型平原水库统计表

表6

名称	库容量（万立方米）	建设年份（年）	备注	名称	库容量（万立方米）	建设年份（年）	备注
宁家水库	65	1984		海北干北水库	10	1997	2010年复为耕地
巴东水库	40	1994		海南水库	20	1997	
三坨水库	80	1996		海中北水库	20	1997	
工农水库	30	1996		小巴家水库	20	1997	2010年复为耕地
三佛水库	35	1996	2010年复为耕地	坨东水库	50	1997	2013年复为耕地
褚家北水库	10	1997		郑王水库	55	1997	

续表 6

名称	库容量（万立方米）	建设年份（年）	备注	名称	库容量（万立方米）	建设年份（年）	备注
海西水库	60	1997		坨东三分干水库	20	1998	2010 年复为耕地
杜家水库	12	1997		工农北大荒水库	50	1999	
海中干北水库	15	1997	2010 年复为耕地	尚庄水库	60	1999	
褚家干南水库	15	1997		坨南水库	12	2000	
海北水库	16	1997	2010 年复为耕地				

农业开发

自 2002 年起，胜坨境域开始大规模实施国家级或省、市、县及本镇中低产田改造等系列农业开发项目，对区内荒碱地和中低产田进行系统开发改造。至 2016 年，全镇实施较大型农业开发项目 21 项。

胜坨镇农业综合开发项目——区内生产路桥涵修建施工（2009 年）

戈武片土地开发项目 四至为南起胜利干渠，北至六斗渠，西起胜北四支，东到南展大堤排水沟，涉及戈武村集体土地53万平方米。2002年3月开工，同年12月竣工。搬动土方4.94万立方米，新建各类水工建筑物15座，总投资120万元，新增耕地面积32万平方米，年增产值32.84万元。

皇殿片土地开发整理项目 四至为北起胜利干渠，南到广利河，东起巴西支渠，西至东营市西外环路，涉及巴西、小务头、尚庄、皇殿、孙家5个村的土地，属省级投资示范项目。2002年9月开工，同年12月竣工，开发面积404万平方米。整平土地搬动土方42.67万立方米，新建田间道路9.67千米，生产路20.94千米；挖农沟12.3千米，斗沟9.62千米；建斗渠10.75千米，农渠13.37千米，衬砌斗渠8.49千米，修现浇混凝土U型农渠11.57千米；建沟渠涵36座，农渠进水闸32座，节制闸3座，斗渠控制闸3座；植树2.055万株。该项目总投资815万元，其中，省、市、县投资70%，其余部分资金镇自筹。

徐王村土地开发项目 四至为北起新型建材厂，南到胜利干渠，西起胜北二支，东到胜北二支排。2003年6月开工，同年12月竣工，开发面积75万平方米。项目区内建斗渠3条，农渠14条，总长6.94千米，搬动土方3.9万立方米；建斗排3条、农排14条，总长6.64千米，搬动土方4.83万立方米；建斗渠进水闸3座，生产路17条、长6.94千米，搬动土方5700立方米，新增耕地25万平方米，总投资383.6万元。

巴东片土地开发项目 位于巴东村以东，六干渠以北，巴东支两侧。2003年8月开工，同年11月竣工，开发面积114万平方米。其中，开挖沟渠51条、长24.09千米，搬动土方20.15万立方米；新修生产路43条，搬动土方2.4万立方米；平整土地90万平方米，搬动土方量11.74万立方米；蓄淡压碱和施用有机肥均为90万平方米。项目总投资110.12万元，新增耕地74万平方米。

胜坨镇国家级土地开发项目 位于镇直机关驻地以北和以西区域，系2004年度胜坨镇启动实施的第一批国家投资建设的重点项目，设计总建设规模1902万平方米，总投资4915万元。2005年4月开工，12月底竣工。项目由镇人民政府组织发包，东营水利工程公司等7家企业施工，东营开元建设监理有限公司监理。项目建设中平整土地1524.8万平方米；开挖沟渠132.304千米，其中衬砌斗渠48.787千米，农渠83.517千米；修筑田间道路44.48千米，其中铺设砂砾石田间道9千米；新建各类水工建筑物520座，其中新建泵站9座；建农田防护林植树31810株。项目区内，实现沟、渠、路、林、桥、涵、闸全部配套。项目建成后，净增耕地1264万平方米。

胜坨镇农业开发项目——区内新修成的排灌斗渠（2009 年）

万亩中低产田改造项目　四至为西起胜北二支渠，东至胜北三支排，北起胜利路，南至六干渠，涉及大白、林子、徐王、小白、常家、路家、佛头寺、棘刘、王院、前彩、西街、后彩、辛庄、三佛殿、戈武、周家和宋家共 17 个行政村的土地，涉及总人口 1.06 万人，改造面积 667 万平方米。2009 年 10 月开工，2010 年 3 月底竣工。该项目投入资金 711 万元，其中，申请中央财政资金 280 万元，省、市、县财政资金分别为 196 万元、28 万元、64 万元。项目实施中疏挖沟渠 275 条、长 122.6 千米，搬动土方 55.39 万立方米；新建各类水工建筑物 182 座，衬砌混凝土渠道 4.566 千米；沟渠路旁植树 4.16 万株。项目建成后，年新增产值 582.6 万元，利润 233.04 万元。

胥家片土地开发项目　四至为南起胜利路，北至油田生产路，东起周家新村油田生产路，西至周家新村进村路，涉及常家、陈家、路家、宋家、胥家、周家 6 个村的集体土地。2010 年开发建设，县财政投资 122.4 万元。项目开发面积 82 万平方米，其中平整土地 20 万平方米。开挖斗渠 2.53 千米，农渠 5.55 千米，斗沟 1.73 千米，农沟 6 千米，衬砌水渠 165 米，搬动土方 12 万立方米；修建农田水利建筑物 66 座；修筑田间道 5.28 千米，生产路 8.99 千米；防护林网植树 0.6 万株。项目建成后，净增耕地 30.07 万平方米。

黄河滩区片土地开发项目　位于宁海滩区。2013 年 3 月，由镇投资建设，设计总建设规模 61 万平方米，新增耕地 53 万平方米。分三个区块建设。区块一，修筑田间道

2条、长2101米；生产路13条、长1845米；修建固定排涝站、泵房、变电室各1座；开挖排水斗沟1条、长3035米，排水沟15条、长2375米；建板涵2座，管涵15座；铺设高压线1103米，低压线150米。区块二，修筑田间道1条、长168米，生产路3条、长520米；修建排水斗沟1条、长845米，排水沟4条、长670米；新建板涵、移动泵站各1座。区块三，修筑田间道2条、长2201米，生产路2条、长235米；修建排水斗沟3212米，排水沟21条、长2071米；新建板涵2座、管涵21座。

胜坨镇高标准农田基本建设项目 四至为北起胜利路，南至董集界，东起南展大堤，西至临黄堤。2013年11月建设，主要修建生产路4条、长8.4千米，清淤沟渠29.6千米，新建扬水站2座，维修扬水站1座，修建水工建筑物58座，镇投资620万元。

麦田连方成片（2015年）

工业主导产业

精细与石油化工 1995年，谊海公司成功研制生产出石油助剂，一举成为胜利油田的石油助剂主要提供商。2001年8月，和利时石化科技开发有限公司依托胜利油田的丰富轻烃资源，进行精细分馏加工，生产液化石油气、戊烷、溶剂油、粗己烷、正己烷、二氨基二苯醚等多种产品。2002年，旭辰化工有限责任公司投资2000万元，引用国内轻油分离和加工先进设备，生产各类轻烃产品，年产10万吨。山东宇佳新材料有限公司开始专业生产氮化硅结合碳化硅制品、氮化硅异型件制品。2003年3月，山东东辰集团生产的氨基葡萄糖产品进入日本和东南亚市场，实现出口创汇零的突破；同年9月，9万吨/年甲醇项目投产；2004年6月16日，透明质酸项目完成扩建，年产量3吨，东辰集团成为国内透明质酸第二大生产基地，透明质酸、透明质酸钙等产品获国家发明专利。

万全牌聚丙烯酰胺为中国名牌产品

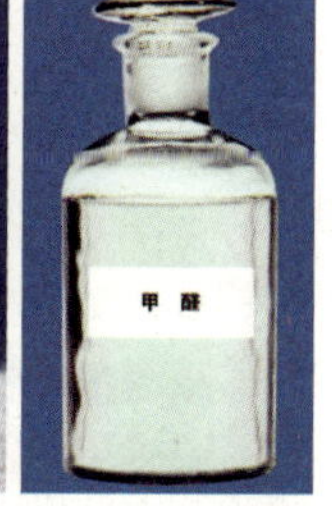

甲醛样品

2005—2012年，境内先后上马160万吨/年低聚物裂化、15万吨/年丁二烯、20万吨/年芳烃、32万吨/年煅后焦、45万吨/年芳烃抽提、10万吨/年甲缩醛、24万吨/年甲醛、6万吨/年混合碳四深加工、3万吨/年农药中间体、1万吨/年医药中间体、20万吨/年炭黑、20万吨/年透明质酸、15万吨/年混合芳烃、10万吨/年塑料抗冲剂、10万吨/年聚丙烯酰胺、3万吨/年白炭黑、2万吨/年PVC加工助剂和100万吨/年溶剂油等19套生产线或装置。

2011年6月，垦利三合新材料科技有限责任公司投资300多万元，上马氨基酸项目，

8 月份投产。至年底，又投资 1000 万元，与潍坊市昌乐宝都制品有限责任公司合作，成立垦利宝都塑料制品有限责任公司。

至 2014 年，境内形成以医药中间体、农药中间体、绝缘材料、塑料制品添加剂、橡胶制品添加剂、石油助剂、洗涤助剂等为主的 9 大化工产品体系、1000 多个品种，获得专利 300 多项。全镇化工企业发展到 80 家，其中规模以上化工企业 32 家，占规模以上企业总数的 61.5%；拥有石化企业 20 多家，是全国较大的芳烃、溶剂油生产基地。中国万达集团万全牌 MBS 塑料抗冲剂为“中国名牌”产品，万全牌聚丙烯酰胺亦为“中国名牌”，产销量居全国第二位。胜通集团层状结晶二硅酸钠为“山东名牌”，生产规模全国居前。东辰集团建成国内第二大新戊二醇生产基地和第二大透明质酸生产基地，透明质酸国内市场占有率 49%，新戊二醇占有率 39%，形成甲醇—甲醛—新戊二醇产业链条。东营康瑞药业有限公司年产氯乙酰氯（农药中间体）3 万吨，产销量全国居前。东营合益化工有限公司年产三氟化硼系列络合物（医药中间体）1 万吨，采用的是国内先进工艺，主导国内该行业标准的起草和制定。

2016 年，胜坨镇投资 20.6 亿元，建成东辰集团芳烃产品综合利用及深加工、汇东公司 30 万吨 / 年蒽油轻质化、东营合益化工 500 吨 / 年瓶装三氟化硼气体和弘力乙炔生产、气体充装、气瓶及槽车检验以及宝远助剂厂 C6+ 馏分油脱氢、宜盛商贸 10 万吨 / 年轻烃深加工等项目。

橡胶轮胎 2003 年 11 月始，中国万达集团投资生产橡胶轮胎，至 2014 年，累计投资 50 多亿元，年产全钢子午胎、工程机械子午胎及轻卡胎 300 多万套，半钢胎

中国万达集团橡胶轮胎成品质检车间（2012 年）

1500万条，产销量在全国轮胎企业排名第11位，世界轮胎企业排名中列第41位，产品销售遍及国内，并远销120多个国家和地区，创出万达宝通、易程德、永通等知名品牌。万达橡胶轮胎工业园为循环经济示范园区，被列入黄河三角洲高效生态经济区总体规划。

宝世达石油装备系列产品（2014年）

石油装备 20世纪90年代，境内石油装备制造业开始起步，山东宝世达石油装备制造有限公司、山东威兰德精密装备制造有限公司，最初以传统工艺加工石油机械零部件为主，逐步转向高科技、专业化、规模化石油装备制造业，形成以抽油机、抽油泵、抽油杆、石油钻机、油田特种设备、石油管材及工具为主的6大产品体系、400多个品种，拥有专利130多项。

存储物流 2010年始，境内工业企业不断做大做强，原材料和产成品运输物流业务需求量逐年增加，以油气储存和运输为主的存储物流业应运而生，蓬勃发展。各级人民政府出台鼓励和引导物流业务与主业剥离的优惠政策，促进专业化物流公司迅速发展。至2016年年底，园区油品储存、物流以及商贸流通企业46家，各种运输车辆340辆。

胜坨精细化工园

园区创立 1999年11月始，原胜坨镇工贸小区被山东省乡镇企业管理局和山东省建设委员会联合批准为省级乡镇企业示范区。境内宁海乡也积极筹划建设园区。宁海和胜利两乡并入胜坨镇后，园区建设统一纳入胜坨工贸小区。2003年，胜坨工贸小区更名为胜坨工业园，先后通过市、省和国土资源部审核。2006年，山东省发改委将胜坨工业园作为全省8个特色产业园区之一，报经国家发改委批准，予以保留。2008年12月，胜坨工业园被商务部命名为中国精细化工出口基地。2009年，胜坨工业园被纳入垦利县黄河口新型工业区规划建设范围，同时更名为垦利县精细化工园。2010年，园区通过省级区域环境影响评价。2011年，垦利县提出实施“一城一带三区”（一城：现代化黄河口生态新城；一带：沿黄生态产业带；三区：东

石化工业园（2015年）

部海洋产业带、中部新型工业区、西部现代服务区）建设思路，垦利县精细化工园被列为垦利县中部新型工业区的重要组成部分，同时更名为垦利县胜坨精细化工园（简称胜坨精细化工园）。胜坨精细化工园不仅是本镇，也是垦利县调整振兴化工产业的重要载体。同年 1 月，胜坨精细化工园的化工产业群被批准为“省级精细化工产业集群”。

园区范围 《垦利县胜坨精细化工园总体规划（2010 年—2020 年）》确定，胜坨镇工业园分为东西两部分，总占地面积 16.43 平方千米。东部工业园，东起油田电力公司，西至胜坨镇直机关驻地，南起永莘路，北至胜利村北 500 米，规划面积约 11.85 平方千米。西部工业园，东起胜坨镇直机关驻地，西至崔家村西 500 米，南起永莘路，北到崔家村，规划面积 4.58 平方千米。

建设路径 东部工业园依托中国万达集团，呈“一个中心，四个工业组团”结构。一个中心即工业园公共服务设施中心，包括行政办公、贸易服务、技术开发和培训、文化娱乐等服务设施；四个工业组团即高新技术产业园区、精细化工产业园区、机械加工产业园区和小型加工产业园区。西部工业园依托东辰集团，建成一个民营工业园，重点发展仓储、物流以及商贸流通产业。2015 年及以前，胜坨镇工业园建设向东发展，重点建设南起市北外环路、北至溢洪河，西起丰收路、东至工农路区块，面积 7.45 平方千米。2016 年及以后，建设向西发展，重点建设南起胜利路、北至溢洪河路，西起和利时水岛庄园、东至丰收路区块，面积 2.89 平方千米。整个胜坨镇工业园区与东营经济开发区、东营港经济开发区、垦利经济开发区等开发区实行错位发展，突出特色，发挥产业基础优势，围绕生物化工、精细化工、橡胶轮胎等重点领域，引进开发市场潜力大、带动效应强、科技含量高、低能耗无污染的项目。

发展实绩 至 2014 年，园区已建成日供水 2 万立方米的水厂 1 座，日发电量 90 万千瓦时、供热220吨／小时的热电厂 1 座，日处理污水 2 万吨的污水处理厂 1 座，通信、供暖、供热、天然气、道路绿化和亮化等设施全配套。修建完善园区内道路，构筑起道路基本框架。同时，累计投资 1.5 亿元，建成胜景路东延、丰收路北延等 5 条园区道路，改造排污系统，扩建原水管线以及搬迁安置城区企业，园区承载力和吸引力增强。胜坨精细化工园建成面积 12 平方千米，累计完成工业项目投资 350 亿元，拥有企业 180 家，其中，规模以上工业企业 52 家。2014 年，园区企业总产值 1073.3 亿元，主营业务收入 1066.6 亿元，利税 143.9 亿元，利润 117.5 亿元，出口创汇 8.5 亿元。该园区被评为“中国生态发展示范园区”。2016 年，胜坨精细化工园实现工业总产值 1035.69 亿元，主营业务收入 1041.7 亿元，利税 124.3 亿元，利润 106.5 亿元。

骨干企业

中国万达集团

发展沿革 该集团起步于 1988 年成立的胜坨安装公司，主要承揽建筑安装工程。1990 年上马电磁线厂。1991 年，上马机械加工厂、钢窗厂，开始由劳务输出型向工业生产型过渡。1992 年，胜坨安装公司更名为东营市万达实业公司。1993 年，成立机电技术研究所。1994 年，东营市万达实业公司改制为东营市万达集团股份有限公司。1995 年，公司更名为山东万达机电集团股份有限公司。1996 年，更名为中国万达集团股份有限公司（简称中国万达集团）。

1997 年，中国万达集团被农业部核定为全国大型一档企业。1998 年，通过 ISO 9001 质量体系认证并获得自营进出口权，被山东省人民政府认定为省级重点企业。2000 年，成立省级企业技术中心，被认定为高新技术企业。2001 年，通过 ISO 9002 质量体系

万达石化集团生产厂区鸟瞰图（2017 年）

2000版认证。2003年5月，通过ISO 9001、ISO 14001和OHSAS 18001三大体系整合认证，为东营市第一家。2000年，该集团成立山东万达控股有限公司。2003年5月与11月，万达热电厂、万达宝通全钢载重子午胎生产线与万达花园别墅项目相继开工建设。

2005年6月，中国万达集团实施管理提升项目，将所属的27个子公司整合为山东万达宝通轮胎有限公司、万达珍宝（印尼）电缆股份有限公司、山东万达化工有限公司、山东万达建安股份有限公司、山东万达地产有限公司。

2006年5月，中国万达集团经人事部批准设立博士后科研工作站；6月，印度尼西亚潜油泵电力电缆项目建设启动。2007年10月，山东万达建安股份有限公司获得GB2、GC3级压力管道安装资质。2008年3月，该集团被确定为国家级创新型试点企业；7月，投资建设的5万吨/MBS塑料抗冲剂二期工程投产；10月，被认定为国家级企业技术中心；11月，山东万达宝通轮胎有限公司自主研发的首条雪地全钢工程子午胎下线。

2009年2月，中国万达集团承建的东营市援建北川坝底乡工程项目开工；3月，投

中国万达宝通全钢机械子午线轮胎硫化生产线（2008年）

资的1000千米／年海底电缆项目式在东营港经济开发区开工建设；7月，投资9.6亿元的万达石油装备工业园项目、投资5亿元的10万吨／年黑炭黑项目和投资1.2亿元的商务大厦项目开工；11月，万达橡胶轮胎工业园作为循环经济示范园区被列入黄河三角洲高效生态经济区总体规划；12月，投资上马的1000千米／年海底电缆项目投产运行。2010年1月，该集团省级企业实训基地揭牌；4月，投资18亿元的年产1500万条半钢胎项目、投资12亿元的年产150万套全钢载重无内胎项目以及投资10亿元的万达·财富新城项目开工；6月，与中石油联合投资5亿元的年产5万吨聚丙烯酰胺项目正式运营；7月，印度尼西亚万达珍宝60万米抽油杆项目建成投产。是年，青岛盛泰丰国际贸易有限公司开业。

2011年，中国万达集团与世界500强企业——巴西韦帕尔集团翻新胎合资项目正式签约。2012年1月，山东万达宝通轮胎有限公司申报的“BOTO”品牌成功入选为山东省重点培育和发展的国际知名品牌。2013年1月，该集团投资建设的9万吨／年乙丙橡胶及原料配套工程4×10000吨级液体化工品码头、2000千米／年海底电缆项目、15万吨／年丁二烯项目、100万立方米保税物流园区项目同时投产。2014年12月，该集团信息化建设启动大会召开，标志该集团进入“智慧万达”时代。

2015—2016年，中国万达集团先后在东营港、东营市中心城东城、垦利区投资建设兴达新能源热电、150万吨／年重油加氢裂化、MBS技改、污水处理厂改造、顺丁橡胶技改等项目，与大连万达合作建设东营市万达城市广场。

经营范围品类 中国万达集团主要生产全钢载重子午胎、全钢工程机械子午胎、轻

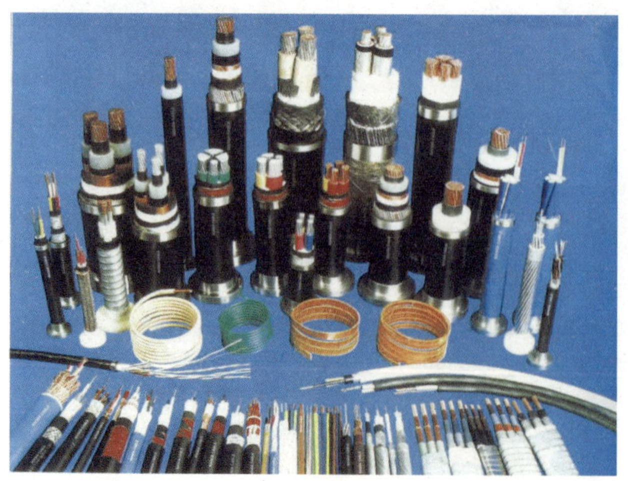

万全牌特种电缆系列产品

卡胎等100多种型号的轮胎产品，110千伏级油浸式电力变压器、35千伏级及以下环氧树脂干式变压器、磁悬浮式直线抽油机、自粘性玻璃丝包线、电磁线、配电柜等机电产品，潜油泵引接电缆、防盗电缆、探测电缆等1000多种规格的特种电缆产品，聚丙烯酰胺、MBS高效塑料抗冲剂、4，4′－二氨基二苯醚及医药中间体等精细化工、石油化工产品。

产值利税 2016年，中国万达集团主营业务收入642.35亿元，利润38.07亿元，利税12.2亿元，进出口总额30.13亿元。

荣誉及称号 2002年，该集团先后获得全国五一劳动奖状、全国“重合同 守信用”企业、全国诚信守法企业等称号。2003年，该集团位列中国民营企业500强第142位。2006年，该集团公司先后进位中国制造业企业500强第377位、中国大型工业企业第465位、中国大企业集团竞争力500强第6位。2007年9月，万全牌聚丙烯酰胺获得中国名牌称号。2009年2月，万全牌商标被认定为中国驰名商标。2010年12月，该集团成功入选为国家火炬计划重点高新技术企业，中国万达集团山东省特种电线电缆工程技术研究中心项目获批复成立。2012年12月，“BOTO”商标被国家工商总局商标局认定为中国驰名商标。2013年1月，该集团获得山东省省长质量奖提名奖。2015—2016年，该集团先后获得中国煤化工行业十佳诚信生产单位、中国炭黑15强企业、中国最具影响力炭黑企业、中国质量评价科技创新奖等称号。

胜通集团

发展沿革 该集团起步于从事水渠、水闸建设的水利建筑队。1987年1月，胜坨乡建安公司成立，至年底发展成为能承揽筑路架桥、管道安装、建筑建材等多种工程的一支综合建筑安装企业。1992年，与香港客商合资成立胜宝制革有限公司，成为当地首家港资企业。1995年5月18日，斥资1800万元上马的新型中高压复合玻璃钢管道项目第一次试车就取得成功；是年，投资的大成液压机械厂建成，主营液压油顶和油田钻采配件，此为山东胜通集团股份有限公司从事机械制造行业的发端。1997年，胜坨乡建安公司改制称山东胜通集团股份有限公司（简称胜通集团），确立“靠科技求发展”思路。

2001年，自主研发出新型无磷助洗剂—层状结晶二硅酸钠产品，投资1.2亿元建成5万吨/年的生产线。2003年4月，该集团被科技部认定为国家火炬计划重点高新技术企业，其新型无磷助洗剂—层状结晶二硅酸钠生产项目被国家发改委确定为国家高新技术产业化示范工程，成为无磷洗涤助剂开发生产基地。是年，该集团引进上马子午线轮胎用钢帘线生产线，一期总投资12亿元。2006年年底，胜通集团成立中韩合资山东富所机械有限公司，开始专业生产钢帘线成套设备及配件，不仅满足本集团钢帘线项目所需设备，还销往国内其他几家大型钢帘线生产企业。至2013年，相继完成钢帘线生产线二、三期项目建设，总生产规模40万吨/年，总占地面积0.8平方千米。该集团钢帘线生产始终走在全球同行业的前列，拥有行业主话语权，是日本普利司通、韩国锦湖、印度阿波罗等全球知名轮胎企业的稳固供应商，是全球钢帘线行业三巨头之一，其钢质工字轮、钢帘线生产设备与钢帘线构成集团一条强有力的产业链，具有较强核心竞争力。

2005年8月，胜通集团开始涉足房地产领域，投资3亿元，建设垦利县首个小高层建筑群——“新东方”小高层社区，也是东营地区首席以运动健康为主题的小高层社区。2008年年底，该集团进入新疆房地产市场，投资2亿元，建设“香溢四季”房地产项目。2010年，该集团设立专项资金，成立物业管理公司。

胜通集团年产5万吨钢帘线生产车间（2008年）

2012 年，胜通集团成功收购美国纳斯达克上市企业富维薄膜（控股）有限公司，全力发展新材料领域的核心项目，引领集团新兴产业向高端产业集群发展。是年，该集团启动建设胜通高科技新材料产业园区，投资 31.8 亿元上马新材料产业核心项目——6 万吨 / 年 BOPET 高端光学膜项目，2014 年达产。该项目被列入国家产业结构调整和振兴计划、山东省重点建设项目和东营市技改计划项目。

2014 年，胜通集团采用自动化生产技术和二维码全过程信息采集技术，对产品质量自动跟踪检验，降低生产成本，减少人员消耗，大大提高工作效率和产品质量，相继通过 ISO 9001、ISO 14001、OHSAS 18001、ISO/TS 16949 综合管理体系认证。

至 2014 年，胜通集团相继建成胜通金属制品产业园、胜通高科技新材料产业园、胜通化工产业园 3 个高科技产业园区，下辖山东胜通钢帘线有限公司、山东胜通化工有限公司、山东胜通机械制造有限公司、东营市胜通电力设备器材有限公司、山东胜通建安工程有限公司、山东胜通房地产有限公司、山东胜通进出口有限公司、中韩合资山东富所机械有限公司、山东胜通光学材料科技有限公司、香港瑞尚国际贸易有限公司等专业化子公司和 1 处省级技术开发中心。

2016 年，胜通集团投资 8 亿元，建设 10 万吨 / 年钢帘线和胎圈钢丝项目；投资 15 亿元，建设 8 万吨 / 年非晶带材项目。至 2016 年年底，该集团申报专利 245 项，承担和完成国家产业振兴专项 4 项，省重点产业结构调整项目 4 项，省“星火”计划项目 6 项，转方式调结构项目 3 项，市科技发展项目 8 项，累计获得各级人民政府奖励资金 1 亿余元。

经营范围品类 胜通集团主要从事生产机械设备、电力设备、建安工程、房产开发等产业产品，企业综合竞争力逐年实现跨越提升，拥有上百种自主知识产权的高科技产品和百余项国家专利，产品销售遍及全国，并远销美国、日本、欧盟等国家和地区。该集团引进德国、美国、韩国、日本、奥地利等国家先进技术，生产 BOPET 高端光学膜产品，产品为新材料领域中的高端产品，改变全球光学膜生产布局版图。

产值利税 2016 年，胜通集团实现企业总产值 207.43 亿元，主营业务收入 202.05 亿元，利税 22.57 亿元，利润 14.58 亿元。

荣誉及称号 2006 年，胜通集团入选福布斯 · 中国顶尖企业 100 强。2009 年，该集团胜通牌子午线轮胎用钢帘线被认定为山东名牌产品。2010 年，该集团入选山东企业 100 强并获得山东省富民兴鲁劳动奖状。2013 年，该集团跨入中国企业 500 强、中国制造业企业 500 强行列，“胜通”商标被认定为中国驰名商标。

东辰集团

发展沿革 该集团起步于 1994 年 8 月创立的东营金加化工有限公司。1997 年 4 月，东营金加化工有限公司上马垦利县宝远合成助剂厂。1998 年 1 月，东营金加化工有限公司改制为东营市东辰集团有限公司。

1999 年 1 月，东营市东辰集团有限公司与北京化工大学成立生物化工联合研究所，首创东营市“产学研”联合体，探索出“提前介入、联合开发、成果共享、风险共担”的全新“产学研”结合之路。这一做法首先在全县作为产、学、研结合典型经验进行推广。是年 10 月，成立山东东辰生物工程股份有限公司。2000 年 11 月，成立东营东辰建筑安装有限公司。2001 年 2 月，东营市东辰集团有限公司被科技部认定为重点高新技术企业；3 月，成立东营市东辰（集团）化工有限公司；4 月，成立东营市东辰节能电力设备有限公司。

2002 年 10 月，东营市东辰集团有限公司完成 ISO 9001 质量认证体系转版；12 月，通过 ISO 14001 环境管理体系外部审核，为东营市首家建立质量、环境管理体系的企业集团；是年，完成股份制改造。2003 年 11 月，在新疆成立巴州东辰工贸有限公司。2004 年 4 月，东营市东辰集团有限公司更名为山东东辰实业集团有限公司（简称东辰集团）。

2005 年 1 月，东辰集团注册成立山东东辰进出口有限公司；9 月，成立山东东辰佳日置业有限公司。2005 年 9 月，投资的 9 万吨 / 年甲醇项目在新疆巴州轮台县拉依苏工业园投产，二期工程同时开工。2006 年 5 月，旗下东营东辰建筑安装有限公司更名为山东东辰建设有限责任公司。

2007 年 7 月，东辰集团成立东营东辰佳日物业管理有限公司。2008 年 5 月，成立泽普县东辰工贸有限责任公司；6 月，注册成立新疆东辰矿业开发股份有限公司。2008 年 6 月，设立东辰集团博士后科研工作站。

2009 年 12 月，东辰集团被山东省人民政府公布为全省重点工业企业。2010 年 11 月，成立山东东辰和睦嘉家庭服务有限责任公司。2011 年 11 月，成立山东东辰物流有限公司和东辰控股集团有限公司石化分公司。2012 年 9 月，成立东辰控股集团有限公司纽约分公司；11 月，成立东营诺德葡萄酒业有限公司。

2015 年 7 月，东辰集团投资的巴州东辰集团循环经济产业园落成典礼暨 100 万吨 /

年（一期 30 万吨 / 年）煤制甲醇项目投产仪式，在巴州东辰集团工贸公司温室基地隆重举行；8 月，东辰节能电力设备有限公司首台 75000 千伏安变压器顺利下线。

至 2016 年，该集团拥有 1 件中国驰名商标、4 件山东省著名商标和 4 个山东省名牌产品。

经营范围品类 东辰集团主要生产精细化工、石油化工、机电器械、房地产等产业产品。

产值利税 2016 年，东辰集团实现主营业务收入 266 亿元，利税 41 亿元，利润 26 亿元。

荣誉及称号 2006 年 3 月，东辰集团进入中国石油和化工百强企业、石油和化工综合效益百强企业行列；9 月，进入国家统计局公布的第六届中国大企业集团暨首届企业集团竞争力 500 强行列，列第 61 位；11 月，所建东辰・鉴墅住宅小区获得“中国城市标志名盘”“中国生态宜居名盘”称号。2009 年 3 月，该集团入围 CEEIA 2008 中国电器工业 100 强，列第 20 位。2011 年 4 月，该集团被中国企业联合会、中国企业家协会评为中国 AAA 级信誉企业。2013 年 2 月，该集团所持有的“艾瑞斯特 IRISATED 及图”注册商标被认定为中国驰名商标。2016 年 6 月，该集团成功晋级中国化工企业 50 强。

山东三合实业集团

发展沿革 该集团起步于 1986 年 7 月由垦利县经济委员会、县油区工作办公室与民丰机械厂投资 85 万元，联建垦利县炼油厂第二生产车间，加工处理落地原油。1988 年 6 月，该车间的釜式炼油装置由原来的 4 个增加到 6 个，年加工能力由 1 万吨增加到 1.5 万吨。1995 年春，投资 85 万元，新建一套常压炼油装置，年加工能力提高到 2 万吨，生产轻柴油、汽油、重柴油、渣油等产品。1997 年，又增建减压装置，年加工生产能力达到 3 万吨。

1998 年，垦利县炼油厂第二生产车间更名为垦利渤海重质沥青厂。1999 年，该厂发挥本厂技术优势，自行研制出强化蒸馏渣油生产高等级道路沥青工艺，并获得国家专利。2000 年 5 月，该厂在垦利县经济开发区征用土地 8 万平方米，投资 2000 万元，开发建设三合工业园，建成 1200 平方米科研楼，1600 平方米碳酸钙生产车间和锂电池负极材料生产车间。2002 年 6 月，该厂投资 300 万元，上马氨基酸项目。

2002 年 4 月，垦利渤海重质沥青厂更名为垦利三合新材料科技有限责任公司；是

山东三合实业集团有限公司一角（2015 年）

年，该公司建成垦利宝都塑料制品有限责任公司，还投资 200 万元收购利津县刁口镇白碳黑厂和垦利县油区工作办公室孤东净化站。2003 年，该公司与康瑞公司、兴瑞公司共同出资组建垦利康泰有限责任公司。2004 年，投资 300 万元，对原常、减压生产装置全面改造，年加工能力从 3 万吨提高到 5 万吨；投资 100 万元，成立东营三合进出口有限责任公司，主营国际贸易。

2005 年，垦利三合新材料科技有限责任改称垦利三合石化有限责任公司。通过公司职工集资入股等途径，筹资 1500 万元，建成 10 万吨焦化和常压装置。2008 年，该公司投资 1.1 亿元，上马建设 1 万吨 / 年可调控孔容微粉硅胶项目，主要生产经营细孔硅胶、粗孔硅胶、变压吸附硅胶、硅胶猫砂、硅胶干燥剂、蓝色硅胶、啤酒硅胶、柱层析硅胶等产品，2009 年投产。2010 年，公司加大投资，继续扩大硅胶项目生产规模。2011 年，与东营石油化工有限公司合作，在胜坨镇工业园投资 3 亿元，上马建设 30 万吨 / 年蜡油加氢裂化项目。2013 年 4 月，投资 12 亿元，在胜坨工业园上马 160 万吨 / 年加氢裂化项目。

2014 年 9 月，垦利三合石化有限责任公司更名为山东三合实业集团有限公司（简称山东三合实业集团）。是年，成立山东泰源化工有限公司和垦利县宝都商贸有限责任公司、东营冠宜园置业有限责任公司，在新疆喀什地区疏勒县建立疏勒三合伟浩工贸有限公司；在胜坨精细化工园区上马16万吨/年天然脂肪醇项目，占地面积为15万平方米。

2016年，山东三合实业集团投资9600余万元，对生产主装置进行设备更新、技术升级改造和安全环保提升。该集团注册总资产9765万元，固定资产12亿元，占地51万平方米；拥有员工500余人，其中大中专以上毕业生占50%以上。

经营范围品类 山东三合实业集团主营精细化工、新材料、房地产、对外贸易等产业产品。

产值利税 2016年，山东三合实业集团实现企业总产值15亿元，主营业务收入12.6亿元，利税5471万元，进出口贸易收入8575万元。

荣誉及称号 2005年，山东三合实业集团获得东营市再就业先进企业、优秀民营企业、纳税先进企业等称号。2010年，获得东营市诚信企业称号。

山东三合实业集团有限公司厂区一角（2014年）

和利时公司

发展沿革 该公司成立于 1996 年 5 月。2001 年 8 月，成立和利时石化科技开发有限公司，注册资金 5000 万元，占地面积 17.33 万平方米。2004 年 7 月，成立和利时穿越工程有限公司，注册资金 550 万元，拥有固定资产 3000 万元。2005 年，成立和利时燃气有限公司，占地 6704.9 平方米，是一家以燃气供应、管道安装为主的企业。2009 年 5 月，成立和利时置业有限公司，注册资金 7000 万元，拥有员工近百人。

经营范围品类 和利时公司主要从事生产石油化工、天然气销售、房地产开发、管道穿越、物业服务等产业产品。石油化工品主要依托胜利油田轻烃资源，将其进行精细分馏加工，生产液化石油气、戊烷、溶剂油、粗己烷、正己烷、二氨基二苯醚等多种产品。管道穿越主要承担导向钻进、水平定向钻进，穿越铁路、公路、河流、山体等非开挖定向穿越工程和桩基工程。天然气销售以燃气供应、管道安装为主，承担东营市所有民用、商业、工业用天然气以及 CNG 汽车用天然气的供应。

产值利税 2016 年，和利时公司实现企业总产值 15.9 亿元，销售收入 15.5 亿元，利税 1.39 亿元，利润 1.05 亿元。

汇东公司

发展沿革 该公司起步于 2001 年 9 月创立的东营市汇东物流有限公司，位于胜坨精细化工园内，注册资金 500 万元。2002 年 10 月，成立东营市胜坨燃油有限公司，注册资金 1000 万元，经营重油贸易业务，建有 2 万立方米重油罐区及装卸设施。2009 年 2 月，成立东营市汇东商贸有限公司，注册资金 5000 万元，具有商务部颁发的成品油批发资质，建有 3 万立方米成品油罐区。2010 年 10 月，成立山东汇东新能源有限公司，于 2013 年 1 月开工一期工程，投资 6 亿元，建设 15 万吨 / 年蒽油轻质化加工装置、20 万立方成品油罐区及综合办公楼、文体活动中心、科技楼等设施。2014 年 9 月，蒽油轻质化加工装置试车成功，并于同年启动二期工程，投资 6 亿元，再上马 30 万吨 / 年蒽油轻质化项目。2016 年，汇东公司煤基氢化油装置投产，年可加工 60 万吨煤焦油，是国家“十三五”能源计划及国家产业政策重点扶持的新兴产业。至 2016 年年底，汇东公司拥有固定资产投资 14.95 亿元。

经营范围品类 汇东公司主要从事生产成品油、燃料油、液化气运输与蒽油轻质化、煤基氢化油加工等产业产品，可在线全过程监控运输车辆的装卸、运行，为以发展清洁能源、石油产品贸易及仓储物流为一体的现代化企业。

汇东新能源公司中控室（2016 年）

产值利税 2016 年，汇东公司实现销售收入 131.9 亿元，利税 3100 万元。

荣誉及称号 汇东公司先后获得山东省“重合同　守信用”单位、最具发展潜力工业企业、三星级物流企业和国家煤化工标准化工作先进单位、国家“高新技术企业”等称号。

山东宇佳新材料有限公司

发展沿革 该公司成立于 2000 年 6 月。位于胜坨精细化工园区内，下设特种耐火材料厂、炭素厂、3 兆瓦余热电站、气体厂及技术中心等，建成宇佳资源循环利用 1 号产业园。2002 年，筹建特种耐火材料厂，专业生产氮化硅结合碳化硅制品、氮化硅异型件制品。2011 年，筹建炭素厂，建有混焦车间、石油焦车间和大型封闭式储料仓，拥有国内先进水平的炭素生产设备和技术，实现从原材料进厂到成品出厂的全程自动化控制，原材料全部采用地下密闭式自动化输运，配备有德国布鲁克公司光谱分析仪等先进检验检测设备和国内领先技术的脱硫脱硝设备，年产煅烧石油焦 32 万吨。

至 2016 年年底，山东宇佳新材料有限公司有发明专利 1 项，实用新型专利 6 项。

经营范围品类 山东宇佳新材料有限公司主导产品为煅烧石油焦和氮化硅结合碳化硅制品、氮化硅异型件制品。

产值利税 2016 年，山东宇佳新材料有限公司实现企业总产值 5 亿元，利税 1 亿元，利润 7500 万元，出口创汇 52 万元。

荣誉及称号 山东宇佳新材料有限公司先后获得首届山东民营企业高新技术产品博

览会优秀奖、山东省优秀节能成果奖、山东省诚信企业、山东省节能环保产业示范企业、中国专利山东明星企业、“重信用　守合同”企业等荣誉称号。

2016 年胜坨镇规模以上企业一览表

表 7

序号	组织机构代码	企业名称
1	073049040	垦利县海强化工有限责任公司
2	738153708	山东三合实业集团
3	164880040	东营康瑞药业有限公司
4	164881385	中国万达集团股份有限公司
5	164881393	山东胜通集团股份有限公司
6	164881852	山东省垦利县新型电力器材厂
7	164884076	东辰控股集团有限公司
8	312814265	山东金锐石油装备有限公司
9	334582792	东营市九州天健化工有限公司
10	684816667	东营市怡丰物流有限公司
11	552218729	东营市陆隆化工有限公司
12	758275462	山东全成建设工程集团有限公司
13	55894764X	东营市宏程化工有限公司
14	564069513	山东汇东新能源有限公司
15	565202080	东营市宇成化工有限公司
16	586086541	垦利佳瑞能源有限公司
17	766678472	山东神州建设有限公司
18	591362029	垦利昌达化工有限公司
19	596576923	山东元邦化工有限公司
20	613373766	东营东方化学工业有限公司
21	661953765	山东富所机械有限公司
22	780790815	东营信宇石油机械有限公司
23	669335769	东营亚鑫化工有限公司
24	68172373X	垦利县汇丰化工有限公司
25	678119830	胜利油田亿通运输有限责任公司
26	687211153	东营市东仕工贸有限责任公司
27	687239551	东营合益化工有限公司
28	694448204	垦利县玖新工贸有限公司
29	723888154	山东宇佳新材料有限公司
30	72668152X	东营市金润机械制造有限公司
31	743388739	东营市胜坨燃油有限公司

续表 7

序号	组织机构代码	企业名称
32	729262734	东营市谊海工贸有限责任公司
33	729271526	东营市中兴石油装备有限责任公司
34	73261223X	山东全民塑胶有限公司
35	733692622	东营市恒阳化工有限公司
36	735757645	山东宝世达石油装备制造有限公司
37	73926360X	垦利县东垦更新化工厂
38	739268566	山东和利时石油科技开发有限公司
39	742446044	东营市新达化工有限公司
40	744512789	东营市旭辰化工有限责任公司
41	745699469	山东威兰德精密装备制造有限公司
42	761890634	山东华发工贸有限公司
43	773177107	东营胜建新型材料有限责任公司
44	774188553	东营市冠森绝缘制品有限公司
45	57047470X	东营市祥和油品有限公司
46	787161739	东营元隆化工有限公司
47	797300093	垦利县信诚工贸有限责任公司
48	558923357	垦利旭升化工有限公司

外经外贸及招商引资

对外贸易 1973 年，垦利县成立对外贸易公司，境内胜坨、宁海、辛庄人民公社分别设立多种经营办公室及收购站，主要负责本辖区的家庭禽畜养殖指导，推广普及新技术，收购出口农副产品以及手工编织品。1998—2000 年，中国万达集团、胜通集团、东辰集团分别取得自营进出口权，成立进出口公司，开展产品进出口业务。2016 年，全镇拥有外资企业 2 家，开展进出口业务的企业 13 家，出口产品涉及精细化工、橡胶轮胎、石油装备等产品。

2016 年胜坨镇工业企业进出口贸易统计表

表 8　　金额单位：万元

序号	企业名称	实际出口	实际进口
1	山东万达宝通轮胎有限公司	152.214	339.947
2	山东胜通钢帘线有限公司	24.107	6.545
3	山东万达进出口有限公司	6.828	30
4	山东耐斯特炭黑有限公司	5.703	0
5	东营三合进出口有限责任公司	4.581	0
6	山东宝世达石油装备制造有限公司	1.878	0
7	山东万达化工有限公司	1.312	0
8	山东东辰进出口有限公司	342	7.160
9	山东宇佳新材料有限公司	301	0
10	山东胜通进出口有限公司	245	0
11	山东全民塑胶有限公司	27	0
12	东营合益化工有限公司	12	0
13	东营市九州天健化工有限公司	234	0

对外经济技术协作　1998 年，境内引进的第一家外商投资企业为日本赤石制造有限会社，该企业与胜通集团合资上马赤石钻塑料复合材料项目。2006 年 8 月，中国万达集

胜通进出口公司（2008 年）

团投资 147.5 万美元，与印度尼西亚摩拉斯公司合资生产潜油泵电力电缆项目。是年，胜通集团投资 470 万美元，与韩国富所产机株式会社合资兴建钢帘线设备机械加工项目。2016 年，山东万达集团建安有限公司作为全县第一个申报对外承包工程的企业，完成对外承包工程经营资格申报基础性工作。

外经贸企业

山东万达宝通轮胎有限公司 生产全钢载重胎、半钢子午胎、工程机械轮胎等产品，产品销往 148 个国家和地区。2016 年，跻身世界轮胎行业 100 强第 75 位。

山东万达化工有限公司 研发生产丁二烯、顺丁橡胶、炭黑、ABS 高胶粉、MBS 塑料抗冲剂、聚丙烯酰胺、ACR 塑料加工助剂、破乳剂等几十种系列产品，并销往美国、英国、法国等 20 多个国家和地区。

山东万达电缆有限公司 生产探测电缆、潜油泵引接电缆和电磁线等 130 多种产品，仅电缆产品就有千余种型号，产品销往 30 多个国家和地区。

山东宝世达石油装备制造有限公司 生产螺杆钻具、抽油机、抽油泵、抽油杆、大口径壳体及各种井下工具等产品，产品主要出口至美国、韩国、新加坡、巴基斯坦、科威特等国家和地区。

山东全民塑胶有限公司 从事钢制管道防腐涂层材料研制、开发、生产、销售和进出口，生产的迈强牌防腐胶带、橡胶粘剂、塑料膜片、防腐涂料和塑胶保温层等系列产品，40% 的份额出口到南亚、中亚、南美、西亚、欧洲的国家和地区。

东营合益化工有限公司 为从事三氟化硼系列产品开发、生产和销售的专业化企业，年产三氟化硼气体 6000 吨，三氟化硼系列络合物 2 万吨以上。产品主要销往俄罗斯、美国、日本、韩国、印度等国家，产品质量和技术服务深受国内外客户认可。

招商引资 1999 年 11 月，东营市、垦利县两级党委、政府提出实施“大开放、大招商、大发展”战略，全党动员、全面参与，招商引资工作迅速全面展开，成为各级推动经济发展的重大任务。2000 年年初，胜坨镇、宁海乡、胜利乡均迅速成立招商引资办公室，具体负责制定本乡镇招商引资工作的总体规划、项目联系引进、进展情况调度、项目考核认定、优惠政策宣传与兑现、受理外商投诉等工作，在境域形成了动员宣传铺天盖地、全员大招商大发展的浓厚舆论氛围。

2000 年，境内各乡镇进入全民招商和全面招商阶段，至 2005 年，胜坨镇共引进投产项目 53 个。其中，工业项目 35 个，总投资超亿元的项目 5 个，到位外来固定资产投资5亿元，对促进优化全镇工业经济结构产生重大影响。

2006年，全镇引进外来投资项目14个，到位外来固定资产投资3.15亿元，超额完成垦利县人民政府分配任务的246%。

2014年，全镇共外出招商38次105人次，与深圳华强集团方特投资有限公司、深圳企业家协会、北京诺丁山集团等18家企业或组织联系对接，签订投资意向书。通过东营市招商引资平台，收集各种投资信息，主动交流联系。其间，接待来自宁波信合特钢科技有限公司、浙江宁波市安徽商会、宁波市山东商会等考察活动20多次。实行“定项目、定额度、定单位、定人员、定奖惩”的包案负责制，全程负责在谈项目跟踪、签约项目开工、在建项目推进等工作。至是年底，外来投资在建、续建项目14个，总投资达83.3亿元；签约项目17个，在谈项目8个。

2016年，开展招商引资“60天集中攻坚行动”，汇总招商信息93条，到北京、湖南、江苏等省（直辖市）招商60余次，接待考察活动30多次，洽谈项目22个，在建项目11个，签约项目18个。

胜坨镇招商引资动员大会（2013年）

宜居名镇

20世纪末起，胜坨镇按照“高起点规划，高标准建设，高水平管理，多渠道融资”的总体思路，累计投资5亿元推进小城镇建设。2007年始，确立“城乡一体，镇园融合，产城互动”的发展目标，构建“一中心二园区九组团”的发展格局，全面加快新型城镇化和新型农村社区建设，打造生态宜居名镇，先后获得全国文明村镇、国家卫生镇等称号。

城镇化建设

规划布局

1966年前，境内村庄建设无统一规划。胜坨、宁海、辛庄三人民公社成立后，各公社对各自公社机关及社办企业的驻地进行过多次局部规划。1971—1978年，因国家实施黄河南展宽工程建设需要，宁海和辛庄两公社机关驻地及所属村庄按照统一规划要求整体搬迁至临黄大堤房台上。1998年始，胜坨镇将小城镇建设提上日程，启动规划编制工作。坚持“高起点规划，高标准建设，高效能管理”原则，将小城镇建设标准定位为山东省一流水平，体现油地结合特点，突出与油田企业、单位相配套，形成油、地双方互为依托、相互促进的发展格局。2002年，中共胜坨镇委员会、镇人民政府委托山东省城乡规划设计研究院修编胜坨镇总体规划，确定近期规划到2020年、远期到2030年、总规划面积为25平方千米的目标。

中心城镇规划 范围为北到三分干以北2千米，东到胜利油田电力公司以东，南到胜干渠，西到董宁路以西300米，总面积约25平方千米。目标定位是将其建成镇域经济、文化、政治中心，布局合理、功能完善、经济发达、环境优美、油地结合、协调发展的现代化工业型小城镇。到2030年，人口规模为5万人，建设用地5.97平方千米，人均建设用地119.4平方米，形成“一个中心区，两个工业组团”的空间结构。一个中心区，即镇直机关驻地生活居住及公共设施区，向北、向东发展，并对南部的三坨村进行改造，形成比较完整的中心区。两个工业组团，即对镇直机关驻地西部继续完善改造，形成西部工业区；驻地东部以万达集团为依托向北发展，形成比较独立的东部工业园区。

生活区，围绕中心绿地形成5个住宅组团，每个组团各具特色，以满足不同层次、不同居民需要。

文化教育区，镇直机关驻地规划建设初级中心中学、中心小学、中心幼儿园各 1 所，配套系列教育设施。

街道及庭院绿化建设规划 规划确定镇中心城区绿化覆盖率为 35% 以上。以树木为主体，形成街头绿地、行道树、疏林草坪、片林带、防护林、水源涵养林、草地、水域、苗圃、果园、菜地、农田等在内的绿化系统。确定“三区、四线、一带、一园”（居住景观区、公建景观区和工业景观区三区，永莘路、三干路、坨村路、化肥厂路四条线，三分干自然景观带和中心公园）的景观特色。镇中心城区公共绿地规划总面积 41.4 万平方米，人均公共绿地面积 18 平方米，绿化覆盖率 21%。建设居住区内部和福利院南部、西部等 4 处开敞性绿地，满足居民正常游憩、活动需要。永莘路两侧各保留 10 ～ 30 米绿化带，成为镇中心城区的美化绿化长廊。中心广场绿地总面积 1.5 万平方米，街道绿地 8000 平方米。沿董胜路胜坨段两侧各设计 10 米的生产防护绿化带，沿化肥厂水库周围设计防异味绿化带。城市道路主干道设计 1 米宽绿化带。

驻地建设

新中国成立前，境内区、乡机关无固定地点。1966 年 7 月，境内新建胜坨、宁海、辛庄人民公社，机关驻地分别设在小宁海村、宁海村、辛庄村，机关驻地相对固定下来。

宁海乡直机关驻地 1981 年 1 月，宁海公社机关驻地由宁海村迁到花台村。1984 年 7 月，宁海公社改为宁海乡，驻地未变。1985 年，驻地设有乡立初级中学、中心小学和卫生院各 1 处，乡办企业 4 家，村办企业 10 家，设有供销社、粮管所、邮电分局、文化站、电影队、广播站、农行营业所、畜牧兽医站等管理服务单位。驻地常住人口 2963 人，其中，非农业人口 304 人。集贸市场设在驻地东西向的中心大街上，街道宽 9 米，长 600 米；建有临街旅馆、饭店、商店等服务设施，集市占地 36.67 万平方米，房屋建筑面积达 38260 平方米。2001 年 2 月 10 日，宁海乡并入胜坨镇，乡直机关并入胜坨镇直机关。

胜利乡直机关驻地 1978 年，因黄河南展宽工程建设，辛庄公社机关驻地由辛庄村迁至林子村。1982 年 4 月，辛庄公社改称胜利公社，驻地未变。1985 年，驻地设有乡立初级中学和中心小学各 1 处，乡立卫生院 1 处，乡办企业 5 家，村办企业 3 家，设有供销社、粮管所、邮电分局、文化站、电影队、广播站、农行营业所、省属黄河修防段胜利分段机关等管理服务单位。驻地常住人口2847人，其中，非农业人口366人；流动人口2100人。集贸市场设在驻地中心大街，街道宽6米，长900米；设有临街旅馆、饭店、商店及个体摊点；集市占地面积59.33万平方米，房屋建筑面积40177平方米。2001年2月10日，胜利乡并入胜坨镇，乡直机关并入胜坨镇直机关。

胜坨镇 1966年7月，胜坨公社从董集区析出后，公社机关驻小宁海村。后因胜利油田、县化肥厂在坨庄附近开发建设，坨庄渐成繁荣集镇，公社机关驻地于1969年10月迁至坨庄。1984年7月，胜坨公社改为胜坨乡，驻地未变。1985年，驻地建立县立第四中学1处，县立医院1家，县办、乡办企业5家，村办企业9家，油田二级单位1个、三级单位4个，设有供销社、粮管所、邮电分局、文化站、电影队、广播站、农行营业所、畜牧兽医站等管理服务单位。驻地常住人口4918人，其中，非农业人口780人；油田职工1987人。集贸市场设在乡人民政府东侧的南北街上，路宽10米，长650米，与垦禹公路成“丁”字形。该集市为全县乡（镇）直机关驻地中建筑面积最大的集市。临街设有旅馆、饭店、商店与个体摊点，集市占地100多万平方米，房屋建筑面积16.69万平方米，建筑结构为土木、砖木结构平房。

1998年始，胜坨镇中心城区建设工作全面展开，逐步建立起以企业和个人投入为主、国家和地方投入为辅的多元化投融资体制，并将镇财政结余资金全部投入基础建设。至2006年，累计投资5亿余元，建成东辰路、中心路、探宝路、镇北路及永莘路绿化美化工程，建成镇党政机关办公大楼、探宝广场、自来水厂、镇中学教学楼、县第二人民医院门诊楼、派出所办公楼、计生服务楼、新行政办公区等一批公用设施。支持规范驻胜坨的中央及省、市、县垂直管理单位新改扩建办公设施。同时，鼓励企业在镇中心城区建住宅小区。建成胜坨体育中心、星光老年服务中心、集中供暖站、城区排水系统、景观河衬砌等一批设施工程，实现水、电、路、信、气、暖全面配套。城镇居民人均居住面积32.3平方米；绿地总面积1.8平方千米，绿化率35%；自来水和电视、电话入户普及率均达100%；镇中心城区对区域经济发展的载体作用日趋明显。至2016年年底，胜坨镇镇中心城区建成居民小区4个，即胜中小区、胜东小区、胜西小区、胜北小区，共有住宅楼房76栋，总建筑面积25万平方米，城镇化水平达40%。

重点基础工程

胜坨镇初级中学 2001年选址兴建，建筑面积2.2万平方米，投资2600万元；体育场占地面积40160平方米，投资600万元。2011年，投资1500万元，建设教学楼一

栋，建筑面积 10334.5 平方米；投资 510 万元，实施操场硬化及塑胶场地建设。2012 年，投资 1000 万元，建设两栋实验楼，建筑面积 7600 平方米。2016 年，投资 5000 余万元，新建 U 型教学楼一栋，学生宿舍楼两栋，总建筑面积 1.9 万平方米。

胜坨镇实验小学 2002 年 9 月，迁入原胜坨镇中学，建筑面积 3831 平方米，改造投入 1200 万元。2010 年，投资 1500 万元，改扩建教学楼、办公实验楼各 1 栋，建设面积 9200 平方米，学校操场及相关设施齐全配套。

宁海小学改扩建工程 2011 年，投资 900 万元，对该校改扩建，建筑面积 5260 平方米。

胜利小学改扩建工程 2011 年，投资 700 万元，对该校改扩建，建筑面积 4475 平方米。2012 年，投资 400 万元，实施运动场改扩建，占地 10537 平方米，建成 250 米环形塑胶跑道、足球场、篮球场、排球场等运动场地，建筑面积 7361.76 平方米。

胜坨中心幼儿园 2001 年 7 月兴建，投资 200 万元，建筑面积 2240 平方米。

胜利幼儿园 2011 年兴建，投资 400 万元，建筑面积 2100 平方米。

胜坨公园 2003 年开工建设，占地 20 万平方米，投资 1500 万元，以自然、生态、环境为主题，突出大水面、大绿化。2008 年，投资 300 万元，实施续建工程，完成绿化

胜坨公园一角（2011 年）

种植、步行道铺设和湖内设施建设。2009年，投资1300万元，实施胜景河建设等续建工程，建成滨湖大道、游船码头、观景台、木栈桥、文化墙、流水瀑布、亭阁等设施。胜景河总长5611米，其中水面面积15.33万平方米。依托胜坨公园和沿胜景河建成与商业区相配套的滨湖步道区、与住宅相配套的娱乐服务区、与休闲健身区工业园区相配套的胜景河景观区以及自然生态区构成的功能区域，构成休闲、娱乐、生态、旅游等要素齐全的镇中心城区景观功能格局。

胜坨镇污水处理厂工程 位于坨一路西侧、孙家村北侧800米处，占地面积1.89万平方米。该厂设计规模为处理水体4万吨／日，处理工艺为一体化氧化沟+高效纤维过滤技术。工程分两期实施，总投资5774万元。一期工程建设规模处理水体2万吨／日，投资3800万元，于2008年12月底竣工。二期工程于2009年1月开工建设，同年12月竣工。胜坨镇污水处理厂投用后，有效改善了广利河水质，污水经强化二级处理后，每年有1000万吨水可用于农田灌溉、水产养殖或景观用水。

胜坨镇园区综合服务中心 2009年实施，2010年12月竣工，总投资500万元。建成综合楼、宿舍楼各1栋，总建筑面积3300平方米，该中心占地面积1.12万平方米。

胜坨镇综合文化中心及停车场工程 2009年建设，占地面积5600平方米，建筑面积2940平方米，主体两层，局部三层，建有演播厅、图书室、阅览室、多媒体教室、棋牌室、乒乓球室、办公室和户外停车场、文体活动场地等设施，同时实施硬化、绿化、亮化工程，总投资900万元。

胜坨镇西工业园区配套续建工程 2010年，完成两条总长1000米道路的人行道铺装、亮化、绿化工程，安装路灯100盏，绿化8000平方米，实现雨污分排，投资300万元。

胜坨镇东工业园区二期配套工程 2011年，实施万达路以东镇北路雨污分排、人行道铺装及绿化亮化工程，万达路至丰收路段胜景河衬砌、南北两段规划路与丰收路北延至胜兴路段、镇北路东延至广兴路段、化肥厂路、民营路南段、景观路南展大堤段、胜兴路西延段等道路工程的建设改造，总投资1.3亿元。

宁海商贸区及商贸楼工程 2010年，投资600万元，实施宁海商贸区、商贸楼工程，建筑面积4300平方米，绿化、亮化、硬化全面配套。

垦利县第二人民医院门诊楼工程 2011年建设，投资200万元，建筑面积1300平方米。

新农村建设

发展历程　20 世纪 60 年代前，境内村庄建设无统一规划，村民根据各自条件在自家或划拨的宅基地上建房，宅基地大小不等、形状各异，所建房屋的长短、宽窄、高矮不一，宅院的坐落朝向因街而异。1971—1978 年，因黄河南展宽工程建设需要，宁海、辛庄两公社整体搬迁至临黄大堤房台上，宅院房屋建设统一规划、统一尺寸、统一建设，整齐一致。2002 年，胜坨镇人民政府提出大力实施“康居工程”，委托山东省城镇规划设计院编制完成全镇 59 个村的村庄建设规划，近期规划到 2020 年，远期规划到 2030 年，经垦利县人民政府批复实施。胜坨镇村庄建设规划分为黄河南展宽区内 35 个房台村、区外 24 个村两大类。截至 2016 年年底，境内 2000 人以上的村庄有 3 个，即尚庄村、崔家村、宁家村；2000 ～ 1000 人的村庄 18 个；1000 ～ 500 人的村庄有 33 个；

旧民宅（2007 年）

不足300人的村有5个，即姜家、杜家、吴家、棘刘、西街村。

新村建设 进入21世纪，胜坨镇以工农、海中、海北、坨西、坨东等试点村为重点，加快新村规划步伐，大力推广新型村居建设，推进城乡一体化进程。

工农村面貌（2003年）

工农村 2001年5月，投资600万元，实施新村建设、旧村改造、设施配套三大工程。同时，对村内中心街等主要街道及人行道进行硬化、铺装、绿化，绿化面积为5600平方米，安装路灯48盏，修建排水管道800余米，户户通上自来水，实现暖气和天然气集中供应。至2002年6月，新建别墅26户，户均居住面积240平方米。对村内公共设施和公共绿地，安排专人管理，垃圾定点投放、定时清运，时时保持道路清洁和环境优美。2004年，工农村创建为东营市第一批小康文明村。

海中新村民宅（2008年）

海中村 2005年，该村按照统一规划、统一布局、统一模式和统一建筑队伍、统一进料渠道、统一工程标准的原则，启动新村建设。村集体投资400余万元，亮化街道4条，粉刷文明示范街3条，硬化新村道路长400米，清理地沟长3000米，更换地沟盖板750块，改造街道电网2条，建设村内休闲广场和建文化长廊各1处，新村主要基础设施配套完善。全村有43户村民乔迁新居。2013年，海中村投资1.52亿元，在老村北面新建住宅区——海中家苑，建筑面积78759平方米，楼房21栋，入住496户。

海北村 2005年，开展小康文明村创建，推进社会主义新农村建设，投资800余

海北村牌坊（2015 年）

万元，按照“亮化、美化、净化、绿化”标准，对村庄硬件和软件进行建设与完善，硬化街道 1200 米，新建街道 350 米，主次街道硬化率 100%；修建路边绿化带 3500 米，绿化种树 1.4 万棵；建设生产桥 5 座，铺设排水管线长 400 米；拆除旧房屋 48 间，粉刷墙壁 1.48 万平方米；清理各类垃圾点 37 处，户户通上自来水和有线电视；建成文明诚信一条街 1 条，街道路肩铺设花砖，安装路灯 35 盏；建设休闲健身广场 1 处，占地 1500 平方米，安装健身器材 15 套。村里成立村卫生保洁队伍，垃圾随时清理，保持村居环境清洁优美。

社区建设

2009 年，胜坨镇启动宁海、许家、辛庄、胜坨、大张、胜利等农村集中居住社区及社区服务中心建设，委托山东省城乡规划设计院对农村社区建设进行规划设计。2013 年，启动实施坨东、坨南迁村并点工程，总投资 5.1 亿元，至 2014 年年底竣工。2014 年，启动实施尚庄、孙家土地增减挂钩项目，为东营市新型城镇化重点工程，总投资 4.2 亿元，2017 年 8 月竣工启用。

宁海社区 辐射寿合、张东、张西、苏家、宁家、花台、义和、海东、海西、苏刘、新张、大张、小张、陈家、胥家 15 个行政村，人口 1.5 万人。该社区建设规划是依托原宁海乡直机关驻地和宁海黄河文化园，精心打造行政办公区、文化教育区、商贸流通区、餐饮服务区和黄河文化园“四区一园”新格局，建成集办公、教育卫生、沿街商贸、餐饮服务、旅游度假于一体的现代综合服务社区。2009 年，投资 400 万元，启动实施宁海社区综合楼改造和社区绿化、亮化、排水配套及沿街房改造工程，至 2014 年年底竣工。

辛庄社区 辐射辛庄、常家、后彩、三佛殿、路家、西街、周家、宋家 8 个行政村，

1335户，4500人。该社区规划面积16万平方米，东西长337米，南北宽476米，建设住宅182户。户均住宅面积468平方米，其中，房屋建筑面积183平方米。2011年3月，动工建设社区服务中心，设有综合服务大厅、医疗服务站、图书阅览室、民政服务室、居民活动室、幼儿园等社区服务功能室，投资330万元，建筑面积2200平方米，至是年10月竣工。

胜坨社区 位于胜坨镇直机关驻地，按照集中居住型社区模式建设，依托镇直机关驻地公共服务资源，辐射坨东、坨南、坨西、巴东、巴西、崔家、杜家、尚庄、孙家、小务头、皇殿11个行政村，4163户，15352人。2012年实施规划设计，投资600万元建成社区服务中心，占地1.27万平方米，建筑面积2200平方米。投资12亿元建设集中居住区住宅楼133栋。2014年，全部工程完成。镇人民政府还投资560万元，建设配套完善教育、文化、卫生等公共设施，使该社区布局合理、功能齐备，生态宜居。

胜坨社区新居民区（2015年）

胜利社区 位于境域最西端，胜利黄河渡口北侧，黄河右岸东面。2006年，在原新农村建设规划基础上，对其规划布局作重新修编调整，将大白、小白、佛头寺、徐王、林子、吴家、许家、卞家、梅家、前彩、棘刘、王院12个村集中连片建设，规划占地面积46.83万平方米，总投资9.2亿元，搬迁安置2204户，7017人。2010年，实施胜利社区综合服务中心建设，占地面积2万平方米，总建筑面积1780平方米。2013年6月，实施住宅楼工程。该工程分两期实施，一期工程投资3.52亿元，建设安置房1132套，建筑面积14.2万平方米，搬迁安置佛头、大白、小白、徐王4个村的农户，2014年11月竣工；2015年年底启动二期工程，2017年竣工，搬迁安置棘刘、前彩、王院、吴家、许家、卞家、梅家、林子8个村的农户。

环境保护

环境建设 1998年始，胜坨镇在城镇环境管理上制订实行《胜坨镇城乡环境综合整治实施方案》《胜坨镇精细化管理办法》《胜坨镇日常保洁制度》《胜坨镇农村住宅管理办法》等一系列规章制度。中共胜坨镇委员会、镇人民政府统一领导，由该镇村镇建设站、物业管理中心、行政执法中队具体负责环境综合整治工作。全镇启动实施街道及庭院绿化建设，打造镇域优美绿色环境，建成以胜坨公园和三分干渠串联的防护绿地为骨干的城市绿化系统。镇中心城区公共绿地总面积41.4万平方米，人均公共绿地面积18平方米，绿化覆盖率21%。在新建居住区内部及福利院南、西两部设置四处开敞性绿地，满足居民正常游憩活动需要。永莘路两侧建成10～30米绿化带，探宝广场绿化总面积1.5万平方米，镇直机关驻地住宅小区内街道及空地全部绿化，绿化面积8000平方米。贯穿驻地的董胜路（永莘路）胜坨段两侧全部建成生产防护绿地，每侧10米绿化隔离带，镇域主次干道均保持宽1米以上的绿化带。

环境治理 20世纪80年代前，境内污染主要是落地原油无序排放及群众生活燃烧原油造成。80年代起，工业快速发展，易造成环境污染的化工项目较多，由于这些项目分布范围较广，且环保设施不配套或无环保设施，导致烟尘、废气排放超标，污水渗漏或乱排乱放、废渣乱倒乱堆积等现象严重。对于易产生污染的项目，尽管有关部门采取了一系列措施进行治理，却是前治理后反复，不彻底、难根治。

1990年起，境内各乡人民政府加强对新建、改建、扩建企业或项目的管理，严格执行“三同时”审批制度，凡是对环境造成污染的建设项目，其防治污染的设施必须与主体工程同时设计、同时施工、同时投入使用。对不按“三同时”规定的建设项目，环保部门不予审批，银行不予贷款，工商部门不发营业执照。造成环境污染的企业和个人，追究其法律责任。同时，规定不在居民区附近、水源上游和风景区建设会造成环境污染的项目。1999 年始，境内开展争创清洁工厂活动，按照厂路硬化、厂区绿化、污水净化、废水消毒、水路循环、一水多用等原则，定期对各厂进行检查督促整改。2003—2005 年，胜坨镇进一步加大环境整治力度，将环境保护指标进行量化分解，以问题为导向，把环保重点工作任务分解落实到各企业及村，镇长与全镇各单位主要负责人签订环境保护目标责任书，明确部门单位、责任人责任。中国万达集团遵循循环经济理念，大力推行清洁生产，改末端治理为全程控制，在对粉尘治理的基础上，于 2003 年投资 3000 多万元，从英国进口聚丙烯酰胺生产设备，彻底解决了粉尘及氨气污染问题，并通过 ISO 14000 环境认证。

2014 年起，胜坨镇严格落实环保第一审批权和一票否决权，确保有污染项目环境影响评价和“三同时”执行率均达 100%。

城乡环卫一体化　2014 年，胜坨镇开展清脏治乱集中行动，清理柴草堆、垃圾堆、粪堆“三堆”，落实山东省建设美丽乡村部署。对各村的清脏治乱治理行动，用以奖代补的形式予以补助，年支出奖补资金 5 万元。将治理小广告等乱涂乱画不文明行为纳入工作治理范畴，加大巡查整治力度，彻底整治城市“牛皮癣”，保持墙体、楼道、电线杆等干净整洁。根据环卫工作量，全镇统一配备保洁人员，建立起 54 人的日常保洁队。卫生区被划分为中心城区、工业园区、农村片区、公共连接区。投资 60 万元，新配备 4 辆侧装挂桶式垃圾运输车、2000 个移动式垃圾桶。投资 200 万元，成立卫生集中清洁队伍，出动 3600 余人次，动用车辆 8000 余台次，对镇区四周、主干道路、进村道路、沟

城乡环卫一体化垃圾中转站（2013 年）

清洁工更换了新三轮车（2015 年）

渠等辖区内的卫生进行集中全面清理。胜坨镇城乡环卫一体化工作纳入农村综合考评，实行督查通报制度，坚持每天调度，每周通报，每周评比，常抓不懈，实现工作开展制度化、常态化。该镇的城乡环卫一体化工作顺利通过山东省乡村文明领导小组的检查验收。

2016 年，投资近 50 万元，对 4 辆城乡环卫车进行修理喷漆复新，对镇区 48 个垃圾箱进行除锈防腐喷漆复新。镇政府为宁海社区、胜利社区、胜坨集贸市场配备垃圾桶 200 余个，同沿街商铺签订使用协议书。对胜利、宁海社区集贸市场商业街、主干道同心路的卫生垃圾实行专人管理。

污水处理 胜坨镇除要求境内企业对污水进行处理达标排放外，建有污水处理厂，对广利河污水进行处理，污水处理能力为 2 万吨 / 日。

生态林建设

村庄绿化 新中国成立前，境内多注重农田耕种，没有专用林地。用材林木多出自农家院房前屋后及河道、沟渠、坑塘岸边的零星树木。新中国成立后，境内各乡（人民公社）重视发展林业生产，颁布一系列林业发展和保护政策，调动组织广大人民群众植树造林，提倡在宅旁、院内、房前、屋后（简称“四旁”）植树。“大跃进”和“文化大革命”时期，一度出现乱砍滥伐林木现象，林业发展受到严重影响，农民植树造林积极性受到严重挫伤，致使许多可以植树的“宅旁、院内、房前、屋后”闲置。

1983年始，境内推行第二次林木确权，恢复之前的林业政策，农村和机关、学校、企业单位又掀起在“四旁”和乡村生产路旁植树的热潮，林木覆盖率逐年提高，生态环境逐年改善。

2009年始，胜坨镇全面实施集体林权制度改革，逐步建立起符合本镇实际的现代林业产权制度，林业得到又好又快发展。在村庄建设规划时预留足够绿化用地，结合春秋季造林绿化，大力开展村庄道路、河渠池塘、公共绿地、村内空闲地、农户庭院的适时绿化建设。2010年春季始，镇人民政府免费提供树苗，鼓励群众利用村内空闲宅基地植树绿化，打造“村中林、林中村”的生态村，完成造林面积100余万平方米。2011年，在尚庄村等4个村开展试点工作，建设村庄绿化带33.3万平方米，植树5.5万株，村内“四旁”植树10万株。同时，镇人民政府注册成立胜景林业公司，配齐配强技术力量，

林粮间作（2015年）

对林业生产统一管理，统一提供技术服务，实施专业队伍防治林木病虫害，巩固全镇造林绿化成果。至 2012 年，全镇村庄绿化林地面积 3333.33 万平方米，森林覆盖率 18%，主要街道绿化普及率 100%。

2013 年始，胜坨镇以争创全国绿化先进乡镇、全市现代林业示范镇和打造黄河水城生态园为目标，把保护自然资源、优化生态环境、增加农民收入作为林业发展的首要任务，支持群众建设绿色家园。在广利河、六干渠一线，建设胜利生态商贸园、东王林果采摘园，举办农产品采摘节、新农村休闲游等文化体验活动，延长林业产业链条，提高附加值，带动现代林业发展。在溢洪河与南展大堤之间，建设伟嘉园林、天宁寺生态林场、三明耐盐碱植物园、绿岛生态园、和利时水岛庄园，与旅游业结合，壮大发展林业经济。在临黄大堤一线，以亲近母亲河为特色，加大黄河大堤林带建设，做好与标准化堤防建设结合的文章，打造别具风情的黄河人家旅游线路，吸引来越来越多的人走进新胜坨、了解新胜坨、投资新胜坨。

2016 年，胜坨镇直单位、学校、厂矿、农村等各单位，采用乔灌草相结合、常绿与落叶树种合理搭配的方式，全面实施绿化美化，栽植白蜡、杨树、柳树、石榴、紫叶李、松树、龙柏等树木约 50 余种，绿化率 100%。

“三网”绿化

“三网”指路网、水网和农田林网。1964 年，境内宁海片、胜利片开始规划实施农田林网建设，实行林粮间作，当年栽植杞柳 160 万平方米。至 1971 年，在黄河南展宽区片建成间作林网 265.47 万平方米。1981 年，重新规划实施黄河南展宽区片农田林网建设。1982 年始，植树绿化以县乡路、乡村路、生产路两旁植树为主，西部沿黄村庄多在河岸栽种速生树种，林网、间作折实覆盖面积 400 余万平方米。至 2003 年，农业综合开发区的防护林、农田林网已成规模，所栽林木逐渐成材。沿六干渠两岸、永莘路两侧营造绿色通道林带 2000 万平方米，植树 200 万株。2005 年，全镇造林 70 万平方米，森林覆盖率 7.2%，林业产值 370 万元。2006 年，造林 106.67 万平方米，森林覆盖率 8.6%，林业产值 254 万元。至 2016 年，全镇林地总面积 5500 万平方米，绿化覆盖率 30.56%，人均公共绿地面积 55 平方米，农田林网控制率 92%，主要街道绿化普及率 100%。

市西外环与环城镇道路等防护绿化项目 2010 年，胜坨镇实施市西外环路、镇环城路、广利河水系等防护林绿化工程和宁海片区绿化示范区工程建设，绿化总面积 213.33 万平方米，植树 35.2 万株，搬动土方 60 万立方米，总投资 1200 万元。该项目按照“大框架，宽林带”原则设计，工程建设实行台田和条田相结合形式，造林实行乔灌结合、混交种植模式。是年，完成胜兴路、胜利路、宁崔路、西外环、北外环等道路绿化补植工作，主要种植白蜡、柳树、黑松、紫叶李、碧桃、石榴、海棠、龙柏等树种。

沿黄生态绿化及三大经济林带建设工程 2012年，实施广利河—六干渠2000万平方米经济林带、溢洪河—南展大堤2666.7万平方米经济林带和沿黄河大堤1333.3万平方米经济林带三大经济林带建设。流转土地294万平方米，搬动土方100万立方米，造林213.33万平方米，植树24万株。同时，带动周边林业专业村建设，发展壮大苗木、花卉产业，促进林业综合经济发展，提高林地综合效益，构建起林畜、林果、林菜合理布局、协调林业发展新格局。

南展大堤生态绿化工程 2012年实施，是东营市中心城沿黄生态工程规划建设的“两带”之一。规划要求南展大堤两侧各栽植500米的林带，境内总长8400米，总投资8000万元。首期完成大堤两侧300米宽林带建设，营造混交林173.33万平方米，栽植白蜡、杨树、柳树等树木19.5万株。至2016年，继续实施二期工程建设。

天宁寺湿地公园绿化工程 2012年3月开工，2014年10月完工。规划总面积4224万平方米，总投资4647万元，为集湿地生态保护与修复、湿地科普宣教、湿地生态休闲旅游为一体的城郊型综合湿地公园。

永莘路绿化提升工程 2013年11月动工，2014年5月完工，投资724万元，境内长10千米，采取乔灌相结合的种植方式，主要种植白蜡、黑松、紫叶李、碧桃、石榴、海棠、龙柏等树种，建成针阔叶混交林。

胜兴路绿化工程 2013年3月开工，2014年7月完工，投资600万元，全长16千米。路两侧各栽植25米宽带林，造林65万平方米，植树7.4万株。采取混交林的种植方式，以种植速生白蜡、垂柳、杨树、龙柏和速生柳等树种为主。

“三年增绿”工程 2016—2018年，东营市实施的以五环（即围绕东营市中心城、垦利区城区、广饶县城、利津县城、河口区城区的环城大型防护林带）、两带（即沿黄河两岸长95千米的绿色生态景观带和沿泥质海岸220千米的沿海防护林基干林带）、三网（路域林网、水系林网、农田林网）为主体，构筑东营市林业生态骨干框架，对村镇、厂矿、校园等全面绿化的工程。至2016年年底，胜坨镇境域已完成投资5200万元，动用土方200万立方米，新增造林480万平方米，占胜坨镇承担的“三年增绿”总体工程量的50%以上。

耐盐碱树种种质资源库（一）（2015 年）

耐盐碱树种种质资源库（二）（2015 年）

耐盐碱树种种质资源库（三）（2014 年）

天宁寺生态林场 位于胜坨镇城区以北，东起胜利水库，西至宁崔路（西六路），南起胜利路（镇北外环），北到路东干渠，总面积1705万平方米。

2012年10月27日开工实施，至2013年年底建成。全部工程动用土方651万立方米，造林1020万平方米，植树168.7万株，投资3.74亿元。投资2048万元，实施林场循环路、东部片区节水管灌、台田改土工程建设。至2014年年底，建成临时管护房6处，新增造林335.52万平方米。主要种植榆树、柳树、白蜡、柽柳等耐盐碱生态树种和法桐、国槐、银杏、樱花、碧桃、蜡梅、黑松、金叶垂榆、大叶垂榆等绿化观赏树种，范围内森林覆盖率31%。

2016年，在天宁寺生态林场发展淡水养殖22.67万平方米，种植莲藕3.33万平方米，发展林下养鸡、养鸭、养鹅5500羽，套种农作物33.33万平方米。

静静湿地（2015 年）

风土风情

胜坨境内的“黄河口八大碗”“黄河口水煎包”“野兔炖萝卜”等佳肴美食，被当地人津津乐道，外地人赞不绝口；黄河口大米、垦利黄河滩区小麦和黄河刀鱼、黄河鲤鱼等名优特产，为国家地理标志农产品或当地“金字”招牌。

遗址遗迹

王王庄庙　坐落于传统村落东王村（史称王王庄）东侧。该庙始建于明朝万历年间（1573—1620）。至明崇祯年间（1628—1644），庙宇已形成 6 大殿 72 小殿的宏伟规模，并取名王王庄庙。该庙宇建筑艺术水平极高，庙内供奉各式佛像等有千尊之多，每年举办农历三月三、六月六、九月九、腊月十五 4 次大型庙会，对繁荣当地经济、促进物资交流起到了重要作用。明末清初，庙宇受损于战乱。清康乾时期，王王庄庙得以修复，建筑更加雄伟壮观，甚至与泰山齐名，人称北安山，庙内

王王庄庙内的普文宫（2016 年）

香火进入鼎盛时期。解放前，庙宇建筑多次遭受黄河水患，虽经几次重修，终归破败。1946 年，中共渤海区委、渤海区行署领导人民抢修黄河大堤，在物料极缺的情况下拆除该庙宇，将其砖瓦木料用于堤防修筑，庙内牌匾等物品散落民间。2006 年始，社会人士通过募捐等方式，筹资重建王王庄庙。至 2014 年年底，已建成正大殿、东西偏殿、山门、后门、罗殿、土地庙、龙王庙、奶奶庙、五门福光庙、老子庙、三义庙、圣母庙、普文宫等庙宇设施。

天泉神井 天泉神井位于东王村村东，王王庄庙南。据村民世代相传，该井始建于明永乐年间（1403—1424）。时天逢大旱，颗粒无收。在严重缺水、民众艰难生存的情况下，周边村庄纷纷打井抗旱，但打出来的水井不是枯水井就是咸水井。咸水既不能抗旱浇地，又不能供人、畜饮用。唯有王王庄发动全村男女老幼，在庄东打成的一口水井是甜水井。井中之水似泉水涌溢，大旱三年不涸，大涝三年不溢，取之不竭，用之不尽。时周边地区死人不计其数，此井不仅救了全村人的性命，还惠及周边乡邻。据传，有村民梦到此井是老龙王到凡间救济灾民时开通的，井水直通东海，吃了井里的水可以去百病。后人称其为“天泉神井”。

天泉神井（2015 年）

柳仙树（山东黄河第一古柳）（2015 年）

百年柳仙树 该树植于常家村的黄河险工 10 ~ 11 号坝之间。1946 年，中共渤海区委、行署组织修筑大堤时已有此树，因附近有一座柳仙庙而得名。1947 年黄河归故后，常庄村险工连续出险，当地村民把柳仙庙拆除用于抢险。柳仙庙被拆除后，人们便将烧香地点改在这棵大柳树下。因树龄已近百年，人们称之为百年柳仙树，这是山东省境内黄河大堤上树龄最长的一棵树。黄河河务部门对其进行围栏保护，树干已埋至地下数米深。

海北遗址 位于海北村西北约150米处。东西长390米，南北宽225米，面积为8.78万平方米。2006 年 4 月 12 日，经文物部门挖掘，出土完整陶瓷器件 68 件、陶瓷残件 269 件；宋代铜钱 192 枚，秦半两、汉五铢铜钱各 1 枚；完整龙纹狮纹瓦当 4 件、砖瓦 215 块；大窑口瓷片标本 1.02 万余片、陶瓷器片标本 5.5 万余片；兽骨 200 余块；骨制品器物 5 件、残件 4 件；成型铁钱 150 余枚；锈蚀严重的铁钱及建筑构件各一大宗；还发掘出一块具有五代时期特征的标本。瓷件包括白瓷、黑瓷、青瓷、影青瓷、酱釉瓷和绞胎瓷等。经北京大学考古文博学院教授权奎山及山东省文物考古研究所、东营市文管所等 20 名文物专家、教授、技术人员进行现场勘察和对表层出土的一万五千多片陶瓷器标本鉴定，确定海北文化遗址为北宋金元时期文化遗址。

海北遗址（2015 年）

该遗址出土的数以万计的瓷器标本时代特征鲜明，窑口众多，为研究胜坨境域乃至垦利区、东营市境域的人居历史、文化渊源和古代地理、海岸变迁、水文地质、航运及商业的发展提供了重要依据。2011 年，该遗址被纳入山东省级大遗址保护名单。2013 年 10 月，山东省人民政府公布其为第四批省级文物保护单位。

坨 11 井 1965 年 1 月 25 日，由 32120 钻井队在胜坨境内胜利村构造上打出的第 11 口井，油层 85.9 米厚，试油日产 1134 吨，“胜利油田”由此而得名。这是中国石油工业史上的第一口千吨井。这口井从开钻到投产，在我国油田开发建设的 7 个领域 22 项工作中，都创造出当时的最高水平，凝结了光荣的石油会战传统和老一代石油人“创业奉献、精细管理、锐意创新”的精神，产生过诸多扣人心弦的动人故事，对油田的建设发展产生深远影响。2005 年 12 月 13 日，经胜利采油厂老职工建议，胜利油田管理局党委批准，决定树立坨 11 井纪念碑，为爱国主义教育基地。2007 年 2 月 2 日，胜利油田管理局为坨 11 井千吨井纪念碑落成举行隆重的揭牌仪式。

地方特产

黄河口大米 境内盛产黄河口大米。由于光照充足、生长期长（160 ～ 180 天），发生病虫害少，加上用黄河水灌溉，黄河口大米品质独特，晶莹透亮、黏度适中、甘醇清香、营养丰富，富含蛋白质（≥ 11.6%）和氨基酸（6 种以上），还富含铁、锌、碘、硒、钾、钙等对人体有益的微量元素。无论蒸、煮皆清香可口，实为粳米中上品，20 世纪 90 年代已誉满京津。

黄河口大米

垦利黄河滩区小麦 主产区为境内黄河滩区，因浇灌黄河水，施以农家肥，全程无公害技术管理，其籽粒饱满，晶莹剔透，品质优良。胜坨镇选择走专业合作社品牌化战略，组织村民成立齐鲁众兴小麦合作社，对滩区万亩小麦实行统一种植、统一管理、统一销售；采用石磨加工，生产全麸面，注册“齐鲁众兴”牌商标，产品畅销省内外，供不应求。2015 年 11 月，垦利黄河滩区小麦获国家地理标志商标认证。

众兴小麦种植合作社的小麦丰产方（2015 年）

佛头黑陶 明洪武二年（1369），李元通、李元成自山西洪洞县迁至境内定居立村，即佛头寺村，同时带来了祖传制陶技艺。

清中期为佛头寺村制陶业最鼎盛时期，时该村不足50户人家，陶窑就有20余座，所产佛头黑陶畅销武定府、青州府、济南府等地。

佛头黑陶采用黄河最下游淤积的天然红淤泥制作而成，其特点“色如墨、声如钟、薄如纸、亮如镜、硬如瓷”，掂之飘忽若无，敲击铮铮有声。

佛头黑陶

佛头黑陶作为黄河口制陶文化的唯一代表，以其造型古朴典雅、雕功精湛细腻、造型图案大方而深受工艺品爱好者喜爱，有“齐鲁黑陶之花”美誉，具有很高的欣赏价值和收藏价值。

传统制陶相传有72般手艺，其主要工序有选土、和泥、覆泥、踩大泥、踩小泥、揉剂子、成型、晾坯、上釉、烧窑等环节。选土：泥沙比例适中，以七成土、三成沙为最佳。和泥：在作坊中进行。作坊一般为半穴半屋式建筑，俗称地屋子。在地屋子的一端掘池，在陶土中加水调匀，即为和泥。覆泥：将和匀之泥，用铁锨翻扣在池边，码成方堆。踩大泥：池边备五尺界方均场，名为泥窝子。在泥窝子上先撒薄薄一层干土，置泥块于泥窝子上，码成小堆，陶工赤脚，将泥堆踩扁成圆，再圆转踩匀，堆起再踩，前后两遍。踩小泥：将踩大泥后的陶泥，码为小堆。用弓子（以竹片为弓、细铁丝为弦）一块块割下，名为“割泥理草”。割下的泥块撒酸后仍码成小堆，陶工穿硬底布鞋（俗称“踢煞牛”），先将泥堆踩扁，然后，一足为轴，一足踩泥，经转、踩、蹬、揉、抹、碾等脚法，将陶泥踩成圆润一围，里一层，外一层，皆如莲花瓣盛开，准备工作完成。

陶坯，原始制作工艺较简单。在地上固定一根木桩，木桩顶端有一尖顶铁柱。铁柱托着一个锅盖大小的圆盘。制作时，一人用脚猛蹬木盘的边缘，使其飞速旋转起来。工匠将调制好的泥料垛在木盘上，随旋转的力量，用手将泥料捋制成各种形态的器皿。脱制成形的生坯置于阴凉处风干，后装窑烧制，熏蒸数日，泥坯即成瓦性，作品有盆、罐、瓶、哨及各种花、鸟、小动物类的儿童玩具等。

烧制时用木柴或煤炭，先文火细烧，再烈火大烧，约24小时后停火“闷窑”。烧制中加入了“窑变”工艺，所以烧制出的陶器才会“黑如漆”。烧制过程最关键的是要掌握火候。火候太大，陶器会变成银白色，火候不够，陶器绝不会有“声如钟”的效果。

1988 年，东营市佛头黑陶工艺美术厂成立，时为佛头寺村村办企业。1997 年，黑陶厂改制，由该厂技术员李建兴接手经营。2006 年，李建兴成立山东东营垦利佛头黑陶研究所。

2007 年，佛头黑陶被确定为东营市首批非物质文化遗产，予以重点保护。产品销往云南、广东等省（自治区、直辖市），并出口日本、韩国等国家。

佛头黑陶曾获山东省名优特新产品奖、国家“七五”星火计划产品金奖等奖项。

农家老粗布 境内居民世代沿用手工工艺织成的农家老粗布，又名老土布，为绿色环保产品。它质地柔软，手感极佳，透气性好，冬暖夏凉，不起静电，不易搓起卷边，持久耐用。又因其线粗纹深，整个布面形成无数个按摩点，对皮肤起到按摩作用，具有良好的保健和美肤作用，尤其适合老人和孩子使用。老粗布色彩艳丽但不张扬，是制作床上用品和服装的首选面料。

黄河刀鱼 黄河刀鱼形似单面尖刀，背厚腹薄。每年农历三月中旬，黄河刀鱼成群结队，陆续由黄河入海口游进黄河，逆流而上，进入境内，最远游到东平湖产卵、孵化。幼鱼出生后，又顺黄河而下，回到入海口处生长和越冬。黄河刀鱼经过这种洄游往返，两三年才能长成成鱼。此鱼性情激昂，游如飞梭，离水即死，实为“贵而难得”。由于其在洄游逆上途中摄食较少，体力消耗较大，且越往上游越消瘦，鱼刺越硬。因此，只有在黄河尾闾补食后的黄河刀鱼才最肥美。黄河刀鱼脂肪丰富，肉质细嫩多刺，煎制鲜味奇佳，浓香异常，谓之“天下一绝”，名扬四方。因黄河现水量较小或时有断流，加之人们过度捕捞，时下产量极为稀少。

黄河鲤鱼 境内盛产黄河鲤鱼，因其鳞上有十字纹理而得名。黄河鲤鱼呈柳叶形，背略隆起，嘴上有须，鳞片大且紧，鳍齐全且典型，体色金黄而有金属光泽，体态肥而肉质细嫩、肉多刺少，是境内有条件家庭逢年过节、迎宾待客时餐桌上的必备佳肴，取“年年有余”“鲤鱼跃龙门”之意。黄河鲤鱼鱼肉蛋白质含量高且质佳，易消化吸收，含有人体必需的矿物质及维生素 A 和维生素 D 等多种微量元素。境内素有“无鱼不成席”之说，这鱼指的便是黄河鲤鱼。

特色美食

黄河口八大碗 黄河口八大碗是境内流传下来的传统名肴，是人们逢年过节、婚配嫁娶、祝寿贺喜、迎宾待客的必备菜肴。流传起源，已不可考。清乾隆时期，政局稳定，经济发展，饮食业空前繁荣。时胜坨镇一带，民众甚是推崇八大碗。八大碗主要是指清炖鸡、白片鸡、蒸鸡块、红烧鲤鱼、蒸鱼块、大肉丸子、扣肉、松肉等，时有调整变化。做法极其讲究，以农家土鸡、黄河鲤鱼、野生草鱼、乡村肉丸、四喜丸子、精品里脊肉、极品脆骨等为原料，烹饪集中了扒、焖、酱、烧、炖、炒、蒸、熘等手法，由技艺娴熟的厨师精心制作而成，味道纯真鲜美。宴客时，每桌八人，上八道菜，同时配

黄河口八大碗

有四个或六个干、鲜、冷、荤小菜。上菜时都用清一色的大海碗，看起来爽快，吃起来过瘾，尽显主人家豪爽、慷慨之情，具有浓厚的乡土气息。

黄河口水煎包　黄河口水煎包是胜坨境域有着浓郁地方特色的一道美食，家家会做，人人爱吃，是当地人改善生活、款待亲友的上佳食品。黄河口水煎包传承利津水煎包制作工艺，演化出若干种不同馅料的品种。制作时讲究“三精”，即精心选料、精心搭配、精心制作。其形呈扁圆状，上下金黄色，外酥里鲜，口感甚佳。有荤素两类，十几个品种。荤包，多以猪肉、羊肉、虾仁、海参等为主馅；素包，多以粉条、煎豆腐、野菜、胡萝卜等为主馅。无论是荤包还是素包，馅均加葱、姜、面酱、五香粉、细盐调制，小麦面粉和面发酵后做皮。制作时，平底锅内加油少许，同时将包好的包子摆放入平底锅内，然后依次加面水、浇豆油、翻一遍，待汤汁收尽出锅即成。

黄河口水煎包

卤肉手擀面　境内居民常食的一种饭食。材料的准备：五花肉切大块，放入加有料酒、姜、葱的开水中煮 8 ~ 10 分钟，捞出切成小丁；笋干、香菇发泡好切丁；大蒜切片、姜切片，取大料、桂皮、茴香籽、香叶、黑白胡椒粒、花椒等适量，料酒 1 汤匙、生抽 5 汤匙、酱油 1 汤匙、冰糖 10 克。做法：第一步，将切好的五花肉丁放入锅中煸炒去油，盛出；第二步，重新炝锅，将煸炒好的肉丁倒入锅里，加入姜片、大蒜片和料酒炒香；第三步，加入生抽、酱油，将香叶、桂皮、冰糖、胡椒、花椒、大料、茴香籽装入香料盒，放入锅中；第四步，加入香菇和笋丁翻炒后加入泡香菇的水，没过肉面 1 寸即可；第五步，大火烧开后，转小火炖一个小时，不必收干汤汁。待手擀面煮熟盛碗，浇上做好的卤肉即可食用。

肉卤手擀面

野兔炖萝卜　境内素有“飞禽莫如鸪，走兽莫如兔”之说，兔即为野兔，其肉为“荤中之

野兔炖萝卜

素”“美容肉”“保健肉”。属高蛋白质、低脂肪、少胆固醇的肉类，含有多种维生素和8种人体所必需的氨基酸，质地细嫩，味道鲜美，常食能防止人体有害物质沉积，有助于儿童健康成长，老人延年益寿。深秋至冬末间，其肉味更佳，是肥胖者和心血管病人的理想肉食。因此，野兔肉极受胜坨民众欢迎。但其肉味膻，加萝卜一块炖煮，可降其膻，另外荤素搭配，既营养又健康。

辣炒花蛤 境内喜食花蛤。花蛤为贝类中珍品。制作时采用蒜、姜、干辣椒、葱花等原料，配以老酒、糖、盐、胡椒、蚝油、水溶淀粉等调味料，进行爆炒。口味鲜美，是境内传统名菜。

辣炒花蛤

糖醋鲤鱼 境内民间有“糖醋鲤鱼”最早兴于本地之说。所做的“糖醋鲤鱼”主材为黄河鲤鱼。黄河鲤鱼不仅肥嫩鲜美，而且金鳞赤尾，形态可爱，是宴席上的佳肴。用黄河鲤鱼做的“糖醋鲤鱼”色泽金黄，外焦里嫩，香甜酸醇。

糖醋鲤鱼

红枣年糕 春节，境内民众讲究吃年糕。年糕有黄、白两色，象征金银，又称“年年糕”，与“年年高”谐音。民间有诗曰：“年糕寓意稍云深，白色如银黄色金。年岁盼高时时利，虔诚默祝望财临。”20世纪60年代前，红枣年糕是用黄黏米面与红枣制作而成。之后，境内引种糯稻，居民开始用糯米和红枣制作年糕。

红枣年糕

玉米窝窝头 由玉米面蒸制而成，呈黄色、圆锥形，底部有一个向里面凹进去的窝，故得名窝窝头。20世纪80年代前，为境内人民的主食。今一般以口感好、原汁原味的玉米面为主，加入少量的小麦面粉蒸制而成。玉米窝窝头富含多种蛋白质、氨基酸、不饱和脂肪酸、碳水化合物、粗纤维和多种微量元素、矿物质，属低脂、低糖食品，多食用有助于调理胃肠，改善消化功能，是现代人调剂饮食的理想食品。

传统节令

春节 境内亦称“过年”，是最隆重的传统节日。每年进入腊月后，境内村村过春节的气氛日盛一日。

农历腊月的最后一天称“除夕”，俗称“年三十儿”。这一天早饭后，人们便洒扫庭院，挂彩灯，贴春联，接灶王，做着过春节的准备。一切准备停当，家族中男家长便请起家堂（即家族的列祖列宗画像和牌位），摆设香案、蜡台，意为请列祖列宗回家过年。同时煎炸烹炒，准备过年的菜品。下午，家家贴年画、剪纸和窗花，剁肉馅、和面，准备包年夜饺子。

除夕晚饭，境内亦称“大饭”，大多家庭会炖大锅菜，内放白菜、豆腐、粉条（或粉皮）和猪肉等食材，称“大菜”，有的则煮饺子吃，家家馏馍馍。燃放鞭炮后，全家人围坐在一起吃“团圆饭”，喜迎新年。

饭后，有的家庭开始“叫明儿”。即在自家院大门前的街道上点燃一堆竖放着的芝麻秸捆或谷草秸捆，一家人围站在火旁，由老人一边拨火一边“明啊，明啊”地说叫着。当火着得最旺时，每人点引着一把谷草，口中叨念着“大葫芦头，小葫芦棒，银子钱往家扛”，“黑小子，白小子，都上俺家穿袄子”等祈求吉祥幸福的话往家跑。到家后，将火把放在灶膛内，再上好“拦门棍”（意为防止金银财宝外流）。男家长率家人在供桌旁烧香、供茶、饮酒，意为与逝去的祖先一同过年。包饺子时，有的家庭要将豆腐或硬币、糖块等包进饺子里，意为谁吃到昭示着谁在新的一年里会有好运气。临睡前，鸣放爆竹，在院子里撒芝麻秸（俗称撒岁），祈盼新的一年生活像芝麻开花一样节节高。有的则通宵不睡，称“守岁”。

夜交子时新年到。很多家庭早起发“纸马”（钱粮），煮饺子，燃放爆竹，吃年夜饭，迎接新年。饭后，晚辈给长辈磕头拜年，长辈给孩子分“压岁钱”。天微明，晚辈人便开始到宗族本家挨家挨户拜年。乡邻间见面互问“新年好”，路过的人即便不相识也互道一声“发财”。

正月初一，境内的习俗是外孙须到姥娘家（外婆家）拜年。正月初二，开始走亲访友。境内原胜坨镇西部一带则先往姑家、姨家拜年，东南部媳妇、女婿则先到女方娘家拜年。西部原宁海乡、胜利乡一带，媳妇、女婿初三到女方娘家去拜年。朋友、同学、同事间则多通过发短信、发微信，互致节日问候。

正月初五，称“五马日”，早饭吃水饺、放鞭炮、敬神灵。正月初十，称“十磨日”，祭奠碾和磨。

元宵节 境内亦称灯节，惯称正月十五。主要活动是玩灯观灯、燃放烟花。十四日晚上为试灯，十五日晚上为正灯，十六日晚上为续灯。解放前，境内有元宵节耍灯习俗，有条件的村成立秧歌队或舞龙灯、跑旱船、踩高跷、打莲花落等各色队伍，敲锣打鼓，走村串巷，竞相比赛，巡回表演。其间，富裕人家给儿童购买灯笼，条件差点的人家也会扎制灯笼。灯笼有方的、圆的、六角的、八棱的，宫灯、动物灯、走马灯，各式各样，种类繁多。晚饭后，儿童提着灯笼先照遍自家院内角落，然后唱着“年年收，年年有，正月十五打灯笼”等歌谣，走街串巷，集聚街头，相互比对嬉戏，十分热闹。境内还有撒“灯碗”的习俗，即用白萝卜切成一指多厚的块，上插席篾，另一端缠绒子（棉絮）沾棉籽油或豆油等，点燃后于大门口放一排，屋门两旁、仓房、磨房、水缸内等角落里也各放一个，消灾祛邪。新中国成立之初，百废待兴，境内元宵节民间传统娱乐活动直到中共十一届三中全会以后，才慢慢恢复起来，舞龙、旱船、赶脚、秧歌等群众文化活动队伍活跃在境域内各村，一年更比一年红火。进入 21 世纪，胜坨镇人民政府经常举行大型焰火晚会和秧歌会演，活跃节日气氛，玩灯习俗日渐淡化。

春龙节 农历二月初二，境内俗称“春龙节”，即“龙抬头日”，也是民间敬祈玉龙降雨除旱的日子。这一天，农户长辈早起，用草木灰在院内画圈作囤，边上画梯子，表示粮囤很高。画一龙，其头伸出大门，朝向有水塘的方向，边画边念“二月二，龙抬头，大囤满，小囤流”等词语。“文化大革命”期间，此俗消失。境内众人为图吉利，在春龙节这一天理发，俗叫“剃龙头”。改革开放初期，每逢春龙节，农户多有炒食用盐水浸泡过的黄豆（俗称“蝎豆”），或炒食用黍米面、鸡蛋和面擀制而成的小棋子块之习俗。

清明节 境内居民把“清明”与“寒食”并称，清明前三天分别是“大寒食”“二寒食”“三寒食”，“三寒食”这天不上坟。清明节期间，旧俗为前三天不动烟火，清明节早晨，家家吃煮鸡蛋，喝青菜（多为菠菜）汤，上坟添土祭祖。现有清明节期间群众踏青、打秋千、放风筝、植树等新俗。

第十二届全国人民代表大会通过设立革命烈士纪念日之前，镇直机关、学校、企事业单位干部群众、群众团体和中小学生，多在清明节当日有组织地开展祭扫革命烈士墓等活动。之后，改为每年的革命烈士纪念日这一天祭扫革命烈士墓，敬献花圈，追悼忠魂，缅怀烈士的丰功伟绩，接受理想信念和革命传统教育。

端午节 农历五月初五，境内一直延续过端午节的习俗。这一天，家家吃粽子，门上插艾蒿，童稚在手腕、脚腕上系由五种颜色的线搓成的“五丝”绳，意在驱瘟神，避鬼邪，祛病免灾。这一天，境内农村还有群众在未出太阳之前早起，采集罗布麻（俗称茶棵子）制茶、环剥果树（截断果树根部树皮）的习俗。

六月六 农历六月初六，时值小麦新收获不久，境内农户便于这一天或这天前，用新麦子面蒸馍馍或烙饼上坟祭祖，俗称“上新麦子坟”，意为与祖先共享丰收喜悦，以此来庆贺丰收。六月六也是“上新麦子坟”的最后时限。为使箱柜、衣服不生虫，不变霉，境内民间还有在这天晾箱柜、晒衣服的习惯。

乞巧节 农历七月初七，境内有少女在这天夜晚向织女乞求“智巧”的习俗。境内另有“七月七，织女泣”之说，也叫“雨日子”，预示着胜坨镇所在区域即将进入雨季。

中元节 境内群众俗称“七月十五”，亦称“鬼节”。实际上在七月十四这一天，家家户户即已上坟或设家堂祭奠已故亲人。旧时，能请得起家堂的农户，会摆设瓜果、点心，祭奠已故亲人，还要供奉刚成熟的高粱、谷子、黍子等，告慰祖先和上天诸神。请家堂祭祖习俗已于20世纪60年代消失。至2016年，境内农村一直保留着中元节这天上坟祭祖的习俗。

中秋节 境内称“八月十五”或“八月节”，是一年中除春节外的第二大隆重传统节日。节前，人们携月饼、酒、水果等礼品看望亲友。这一天，人们合家团圆，白天吃月饼和鱼、肉改善生活。晚上，在院子里放一饭桌，摆上水饺、月饼、瓜果供敬明月，家人聚在一起或邀邻居一起饮酒赏月，庆贺丰年。境内此俗至今仍盛行，但供月者少，赏月者多。

十月一 农历十月初一，境内俗称“鬼节”，是与清明节同等重要的上坟祭祖之日，出嫁的妇女须回娘家为故去的父母上坟，此俗沿袭已久，今仍盛行。

腊八节 农历腊月初八，境内亦称“腊八日”，民间有在节日早晨用红枣、花生、莲子、黍米等杂粮做“腊八粥”喝的习俗，以求吉祥。进入21世纪后，农村在这天吃水饺的家庭渐多，喝“腊八粥”的渐少。

辞灶节 农历腊月二十三，境内俗称“辞灶节”，亦称“小年”。当日，户户蒸年糕、吃杂面（用杂粮面做的面条）。晚饭前，要在“灶王”前焚香供奉清茶、糖瓜（麦芽糖），事毕，将灶王画像从灶位上“请”下来（即揭下来），夹在用谷草绑成的把子上把其烧掉，意为“请灶王上天”，也叫“辞灶”。新中国成立后，“辞灶”等封建迷信活动逐渐消失。过了此节，标志上一年年节的结束，进入了下一年的年节。

礼仪习俗

婚嫁礼俗 新中国成立前，境内男婚女嫁须遵从父母之命、媒妁之言，有的人家早早给童年子女定下婚配，称“娃娃亲”，还有的“指腹为婚”。男孩八九岁或十一二岁，女孩十五六岁即可结婚，小女婿大媳妇或大丈夫小媳妇屡见不鲜。婚嫁礼俗烦琐，封建迷信色彩甚重。

新中国成立后，《中华人民共和国婚姻法》实施。境内废除买卖包办，提倡婚姻自由，适龄青年可自主恋爱，结婚时到民政部门登记结婚。

20世纪50年代，新郎骑马迎亲，90年代末普遍以轿车迎亲。随经济的发展，进入21世纪后订婚、结婚日益讲究，高档家电、组合家具进入新婚家庭，婚礼多在酒店、宾馆举行。中国共产党第十八次全国代表大会以来，境内推行勤俭节约婚嫁新风尚，大大简化了婚嫁仪式，降低了操办费用。

生育礼俗

境内居民对生育非常重视，每逢婴儿出生、满月、百日、周岁等日子，主家都会邀请亲戚朋友聚会庆贺。

报喜 婴儿出生称“添喜”，女婿去岳父母家送信，谓之“报喜”。娘家则送给少量鸡蛋、小米和两个“瓜子”（咸萝卜）让女婿报喜后带回。

坐月子 20世纪80年代及以前，境内若有婴儿出生，须在产妇、婴儿住的房门前遮挡一领秫秸箔，系一块红布，以示有人坐月子，忌外人打扰、惊吓，兼以挡风。邻里、族人馈赠鸡蛋、红糖、馍馍等礼品表示祝贺。生女孩产后第5天、生男孩第6天，婴儿的外婆前来探望，并送来鸡蛋、小米、红糖和婴儿的小裤、小袄、小枕头、小棉被等物品。第8天或12天，婴儿的姑姑、姨姨、妗子等亲戚先后来探望，并送来鸡蛋、衣服面料、婴儿用品和“看钱”（现金）。主家摆酒席盛情款待，并向来贺喜的邻里、族人回送红鸡蛋及汤面，以表谢意。20世纪90年代起，主家将来贺亲朋一同宴请，减少了频繁的招待应酬。

满月 妇女生产后满一个月，娘家要接母子去住一段时间，谓之“住满月”。

过百日 婴儿出生第一百天，主家要摆设筵席庆贺，曰“过百日”或“过百晌”，姑、姨及外婆等带衣裤、面料、“看钱”等前来庆贺。

过周岁 给婴儿过第一个生日，亲朋前来祝贺。主家摆设筵席，宴请亲朋，向邻里分发带子、馅子（一种扁形的用蔬菜、肉、豆芽作馅烙制的面食）。

丧葬礼俗 新中国成立前，境内一直沿袭木棺土葬习俗。长辈去世，习以重殓厚葬为荣，并有一套复杂、烦琐的殡葬礼仪。富裕人家，老人生前即备寿衣寿棺，看坟址，定向口（墓穴朝向），打寿坟。

长辈去世，一般须在家停灵三天或五天，受亲朋吊唁。有的还请和尚、道士做法事。第三日或第五日出殡，由亲人送丧，亲友具供品致奠。亲戚、街坊根据亲疏关系给予丧主家赙仪。葬后第二日晨，逝者的子女、孙辈携带供品、香纸至墓地祭悼，谓之“圆坟”。随后，丧主及晚辈挨门跪谢乡邻，并到外村跪谢亲友，谓之“谢客”。此后每隔七日为一祭，二十一天（俗称三七）、三十五天（俗称五七）、百日（俗称断七）和周年各到墓前祭祀。每年的寒食节，农历七月十四、十月初一、死者忌日皆于是日下午前往墓地祭奠，叫“上坟”或“扫墓”。农历正月十六晚，晚辈往死者坟上送灯笼、燃放鞭炮，谓之“送灯”。夏季麦收完成之后，携带新面馍上坟，谓之“上新麦子坟”。三年内，孝子、孝女穿白鞋、着黑衣，衣服撒边，不去娱乐场所，宴席上不猜拳行令，过春节不贴对联（第三年上可贴蓝色对联）、不外出拜年，忌办喜事等。第三年忌日之后，孝子孝女脱去孝服，孝期告满。

新中国成立后，境内群众响应党中央、政府号召，移风易俗，革除陋习，提倡俭朴、节约办理丧事。20 世纪 70 年代，开始推行遗体火化，葬礼从简。进入 21 世纪，村村成立红白理事会，倡树殡葬新俗。长辈去世，丧期最长不超过三天，统一待客标准，不大吃大喝，不扎灵棚，不设祭台，不请吹鼓手，改奏哀乐；孝子不披麻戴孝，改佩戴黑纱；死者火化并葬入公墓。

民间游艺

舞狮 境内民间舞狮传统历史悠久，何时兴起，已无从考证。狮子，以竹、木或铁丝扎架狮头，用布制作狮身，饰以彩色长毛，口张目闭，十分逼真。幼狮由 1 人扮演，成狮则由 2 人合作表演。表演时，成狮由 1 人作头，1 人作尾，二人四足，恰似狮子四蹄。舞狮动作又分文狮、武狮两种。文狮主要刻画狮子温顺的动态，有搔痒、舔毛、打滚、抖毛、爱抚幼狮等动作，武狮则上下翻腾摇摆，前后左右腾挪，表现狮子勇猛的性格。幼狮伴随于成狮左右前后，戏弄成狮，增添情趣。另有 1 人扮作武士擎绣球引逗，在锣鼓声点引导下，狮子或立或仰，或蹲或扑，跳跃、登高、滚转绣球，时有滑稽惊险动作，以吸引、娱乐观众。

跑龙灯 龙灯的龙头、龙身用竹竿、竹篾做成，节数不等，外罩用红布或用彩纸扎成。节内点燃蜡烛的称“龙灯”，不燃蜡烛的为“布龙”。舞龙时，龙首、龙身、龙尾由多人擎架，另由 1 人持彩珠戏龙作舞，龙体腾空，上下翻舞，摇头摆尾，千姿百态，气势恢宏。

舞狮、跑龙灯表演（2013 年）

耍花灯 花灯的样式较多，有竹马灯、狮子灯、车子灯、瓶子灯、宫灯和走马灯等。解放前，一般在元宵节举行。解放后，有重大庆祝活动时也有表演，新时期一是其他文艺活动逐渐增多，二是农闲时间青壮年都忙着去工厂上班、搞运输、经商或外出打零工等，耍花灯大不如从前兴盛。20 世纪 90 年代至 21 世纪初，县里年年举办元宵节灯展，胜坨镇都组织彩灯参展巡展，深受观众好评。

跑旱船 旱船用竹木扎成，四周围饰以彩布，状似游船。跑旱船多由两人扮演，1 人驾船，1 人划船。驾船者多扮成俊俏少女，手把船沿，似坐其中，划船者常扮作一老翁。表演时，两人配合协动，旱船忽而搁浅，忽而急驰，跌落起伏，飘忽不定，如船漂泊于碧波之上。西张村扎制的旱船别具一格，扎得特大，且船名各异，有“坛子”“大鼓”“邦摇”等等，船上摆设一应俱全，形象逼真，表演时七八个小伙子驾旱船，随着鼓点节奏，前走后倒，摇头摆尾，犹如船行大海，乘风破浪，十分壮观。这种民间艺术一直为当地民众所喜爱。

跑旱船表演（2012 年）

扭秧歌　秧歌是一种集体表演艺术形式，参加者十余人、数十人不等，多为男女青年和儿童，男的用彩绸或皮带束腰，毛巾扎头，手持系着彩绸的竹棍，手拍脚踢，边扭边舞。女的身穿彩衣，手拿竹板或扇子，边扭边击竹板。表演时锣鼓伴奏，节奏鲜明，并不断变化队形，或插花式，或八字形，有时还伴有歌声和音乐。扭秧歌在境内农村一直盛行。进入 21 世纪后，秧歌表演充实进许多现代舞蹈元素，表演的形式花样也不断翻新，有着强烈的时代气息。

踩高跷　也称高跷秧歌。舞者扮成不同性格鲜明的人物，或为生、旦、净、末、丑，或为唐僧师徒，多以传统戏情节和历史故事为表演内容，也有的表演现代生活题材。木跷高者 3 市尺，低者尺余。表演时，舞者手持道具，足踩木跷，随着鼓点节奏而舞，队形不断变化，表演情态各异，活灵活现。

踩高跷表演（2012 年）

敲锣鼓 春节期间，境内农村比较普遍的一种娱乐形式是敲锣鼓。这项活动以锣鼓为主，还配有钹、镲、手锣等辅助打击乐器。鼓调鼓法非常讲究，有敲、打、点、击等技法。鼓牌有“得胜鼓”“小翻身”“九龙翻身”“凤凰单展翅”“凤凰双展翅”等演奏形式。各种打击乐器配合紧凑，步调一致，轻重缓急，跌宕起伏，节奏鲜明，铿锵有力。锣鼓亦有大小之分，小鼓由敲打者自己挂于胸前或由打镲者背于身后，也有两人架抬的，大鼓称大墩鼓，须有鼓架，或由四人抬着。胥家村的百年大鼓至今仍然保存完好。

胥家大鼓

方言俗语

内部语音区别 胜坨方言属汉语北方方言的北方官话利津方言区。境内宁海、胜利沿黄一线西部居民分“尖团音”，西南部徐王、林子一带尤甚，即北京读 j 、q 、x 声母的字，这里分读为“尖音” z 、c 、s 和“团音”两套声母，如“集、基”“清、轻”“星、兴”，前读尖音声母，后读团音声母，因声母不同导致读音不同，即语音上“集≠基”“清≠轻”“星≠兴”。东南部坨庄、小宁海一带不分“尖团音”，即同北京一样只读j、q 、x 一套声母，这是东西部语音的主要区别。

声母韵母特点 胜坨音系在声母方面共有 25 个声母（包括零声母），而普通话有 22 个声母，在类别和音值上大致相同的有 14 个，它们是：b、p、m、f、d、t、l、zh、ch、sh、r、g 、k 、h。但也有例外，如“儿尔耳而二”等字，普通话为零声母，胜坨话则为l声母。普通话z组声母，胜坨方言则读为zh组声母，如“责泽择”等字。普通话中的z组声母字，胜坨也读z组声母，如“资杂租脏藏”等。但普通话里j组声母字，胜坨却读为z、j两组声母，读z组的如“积接浆精”等，读j组的如“鸡揭江京”等。这样，胜坨的z组声母字比普通话多，而j组声母字比普通话少。在韵母方面，胜坨音系有36个韵母，而普通话中有39个韵母。比普通话少o、er两韵，多了iai韵，且ei韵字多，韵母自成音节少，普通话o韵字，胜坨方言都与e韵字归为一类，如“过、果、裹、扩”等；普通话er韵字，胜坨方言都读为l声母字，如“儿二尔而耳”等；普通话读o、e、ai韵母的字，胜坨方言中读为ei韵母，如“白伯德客脉迫”等；普通话ie韵字，胜坨方言分读为ie、iai两韵，iai是比普通话多出的一个韵母，如姐、节、结和解、街、鞋两类字；普通话中以a、o、e开头零声母音节（即韵母自成的音节），胜坨方言都加了舌根浊鼻音声母，从而使韵母自成的音节比普通话少，如“额爱熬安欧恩昂”等；胜坨方言中的ei韵母不与l声母相拼合，即没有lei音节，普通话中的lei音节字，胜坨都读作luei，如“勒累雷泪类”等。

语法特点 胜坨方言语法在词法方面，重叠构成的名词有：嬷嬷（乳房）、泻泻（口水）、蛛蛛儿（蜘蛛）、鵽鵽（鸭子）、冻冻（冰）、秫秫（高粱）、馍馍、饽饽（馒头）、花花儿（麻花儿）、兜兜（兜肚儿）、铙铙（小钹）、哈哈儿（唢呐）、了了（里头）等。胜坨话口语中有一些由单音形容词重叠构成的“AA”式形容词，与普通话“AA”式形容词重叠形式有所不同，读音特点为第二音节读轻声，如长长（桌子）、圆圆（杌子），表义特点是不表程度加深，属客观描述，如尖尖脑袋（尖状脑袋）、空空树（空心的树），组合特点可前加程度副词或可直接与名词组合，不加“的”，如“这张桌子大沉沉”“扁扁头”“长长瓜”。胜坨语言中的疑问词比普通话更为简捷，如“怎么”说成“咋”，“什么”说成“啥”，“什么时候”说成“多咱”“几儿”等。能愿动词方面，胜坨话常用“待”表示“要”，“得”（dei）表示“必须”；动词后加“着”（zhou）表示“住、着”的意思，分别有减缓或加重语气的作用。胜坨话里常用的动态助词“哩”，相当于普通话中的“了”，根据在句中位置的不同，其读音也有两种，一读“哩”，一读“啦”，而普通话都读“了”。用在动词后表动词完成，读“哩”；用在句末，主要肯定事态变化或将要出现变化，读“啦”，有成句作用。胜坨方言中，有些土语、词汇带有强烈的地方色彩，如：埝儿（地方）、稿儿（指物件）、月嬷地儿（月亮）、厦拉子（灶炕相隔的部分）、搭伙（做伴）、田梯（屋内地面）、补饥（灶膛内烧制的儿童面食）等。在句法方面，胜坨方言在可能补语的表达上颇具地方特色，即表否定意思的与普通话表达方式相同，而表肯定意思的与普通话表达方式不同，常用带“哩”的句式。与普通话的区别在于：胜坨话为“动词＋补语＋‘哩’”式，而普通话为“动词＋‘得’＋补语”式。

胜坨镇典型方言对照表

表 9

方言	普通话	方言	普通话
拐棒	手杖	打爬连	侧手翻
三卯时	启明星	箔障子	篱笆墙
夜来	昨天	夹耳	耳光
臭球儿	卫生球儿	月孩子天	漆黑的夜晚
夜猫子	猫头鹰	马扎菜	马齿苋
指拉盖子	指甲	黄茎菜	翅碱蓬
腼皮	腼腆	羊狗子风	癫痫
疲寒	疟疾	米羊	蚂蚁
腌臜	后悔		

俗语

邻室百家——泛指邻居。

对门舍户——对门邻居，喻关系密切。

当庄本院——同一村庄。

一家八当——本家、同家。

人情面皮——情面。

草木狼神——碎草遍地状。

扬而翻天——混乱不堪，一片狼藉。

云山雾罩——头晕目眩，摸不着头脑。

晕天张地——神侃海吹，不着边际。

黑灯瞎火——昏暗，不明亮。

阔阆眼睛——千疮百孔，到处有洞。

油芝麻花——油渍甚多。

小视短见——目光浅、见识短。

装疯假魔——假装疯癫。

无鸡嘎嗒蛋——累赘多余，无关紧要的物品。

连毛带湿——水湿毛潮，什么都夹带着。

黑麻瘪古儿——又黑又瘦。

杂而古董——一曰物品混杂，二曰坏心眼儿多。

清汤懈水——粥汤过稀。

稀布棱登——稀疏不均的样子。

哈而忽视——大大咧咧、不在乎、不计较。

胡尔马约——敷衍，不认真。

粘头顾拽——做事拖泥带水，不利索。

鬼而摸叽——耍心眼，不诚实。

血糊漓拉——血肉模糊，鲜血淋漓。

湿乎溻拉——半干不湿。

叙三道两——反复唠叨，使人絮烦。

淋淋嘎嘎——小雨时下时停，多日不开晴。

看人拿菜碟儿——根据人的身份、脾性决定对待的态度。

得病如墙倒，去病如抽丝——得病容易而去病难。

斤斤耳朵腮动弹——动甲而扯着乙，喻关系网不易冲破。

有一搭，无一搭——有无尚在两可，不能指望。

有枣无枣打一杆儿——不管结果如何，先干了再说。

一拃不如四指近——非亲属远不如亲属关系亲密。

名人与名镇

明清及民国时期，境内功成名就、仕途通达者，不乏其人。新中国成立后，尤其是改革开放以来，胜坨涌现出一大批的先进个人和劳动模范，为社会主义建设作出突出贡献。

人物传略

尚树伦（约1847—1925） 字鉴堂，号豆村，尚庄村人。自幼聪颖好学，悟性甚高。20岁时考入县学，不久后便考取廪生，清光绪十八年（1892）又考取贡生。光绪二十六年，为试用利津县训导。他为人正义，乐善好施，性情刚毅，能担大事。光绪年间早期，境内黄河大堤以东地势低洼，每遇大雨，顺黄河大堤下泄的沟水便汇积在低洼处，淹没大片庄稼。尚树伦于光绪十五年奔赴朝廷外务院为民请命，请求朝廷从麻湾的南面修筑一条横向大堤，朝廷准其奏请。大堤从博兴县的郑家寺筑起，到乔家庄止，该堤的修筑解除了水患，利津、蒲台两县农田也受到大堤的庇护。另有一年黄河发大水，冲毁了利津县南北岭、十六户等处的黄河堤岸。尚树伦便向朝廷奏请封堵裂口，修补堤坝。朝廷准其奏议，任其为监工。竣工之后，被封为奉直大夫。光绪三十三年，尚树伦将自家的珠子滩不动产土地大亩十顷（古制），捐予本村建校，使家族和乡人受到恩惠。他的善举被朝野上下议论传颂，皇帝听闻赐其“乐善好施”匾，准其悬挂于宅院大门。

王书元（1867—1925） 字文林，徐王村人。25岁时即从事黄河河务，精研治水之法，被委以宁海堤岸哨官，后被擢升小街河岸营官。1922年，任山东省黄河下游第四段营营长（校官）。1925年，病逝于道旭营盘。他一生勤勉敬业，吃苦耐劳，排难治险，减轻危害，保护沿黄人民生命财产安全。山东省黄河河务局赠给其“保障功高”金字牌匾，表彰其德行和政绩。

李宗刚（1885—1963） 字叶三，三佛殿村人。童年入私塾，22岁立志学医，他博览群书，勤学好问，触类旁通，苦读十载，学业即成，悬壶于市。他为人看病，药到病除，很快名传乡里。1937年，在利津城开办“仁和”药堂，奔波于乡村里闾之间，为群众诊病除灾。1943年夏，霍乱流行，百姓的健康与生命受到严重威胁。李宗刚不辞辛劳，逐村传授预防和治疗霍乱之法，并用大锅煎药，让乡亲及路人服用，使许多人免受疫病之灾。当地群众联名赠他一块“妙手回春”匾，以示感谢。1955 年，他到利津县联合诊所工作，又先后于城关医院和县医院工作并带徒。李宗刚熟读《伤寒论》，擅长妇科、儿科，治学严谨，更重医德，以“爱财不为医，行医为救人”自勉或勉人。对患者和蔼可亲，平易近人，诊脉处方，一丝不苟，为群众所称道，多次当选利津县人大代表，是利津县卫生局命名四大名医之一。

刘芳圃（1927—2011） 曾用名刘玉田，徐王村人，大学学历。1944 年参加工作，同年 6 月，加入中国共产党。历任利津县二区武委会主任、渤海四地委土改小队长。后调公安部秘书处任一等科员。1954 年 12 月，下放河北省宝华市公安局，历任办公室主任、副局长、党组成员。1960 年，调北京，后到驻外使馆工作。回国后，任中国人民对外友好协会副秘书长。1984 年 6 月，出任驻赤道几内亚共和国特命全权大使、党委书记。离任时，该国总统奥比昂授予他赤道几内亚共和国国家独立勋章和大红十字勋章各一枚，绶带一条，授印一张。1985 年离休。

刘芳圃

人物简介

全国黄河系统劳动模范宋桂先 1956 年 10 月出生，宋家村人。1979 年 4 月，他在垦利修防段参加工作，先后干过炊事员、司务长、仓库保管员。他干一行爱一行，从不挑肥拣瘦，在平凡岗位上干出不平凡业绩。他公私分明，严于律己，克己奉公，先人后己，助人为乐。在全市黄河系统举办的炊事员技术比武中获得第一名的优异成绩。他负责的食堂被东营市黄河修防处和垦利县总工会评为“先进食堂”。因工作表现突出，1982 年、

宋桂先

1983年被黄河水利委员会授予“先进生产者”称号；1986年被山东黄河河务局评为“劳动模范”；1989年被东营市评为“劳动模范”；1990年、1996年两次被黄河水利委员会授予“全国黄河系统劳动模范”称号。

中国好人董希红 女，1958年4月出生，张西村人。她数十年如一日照顾患病妹妹的事迹为广大群众所称赞。

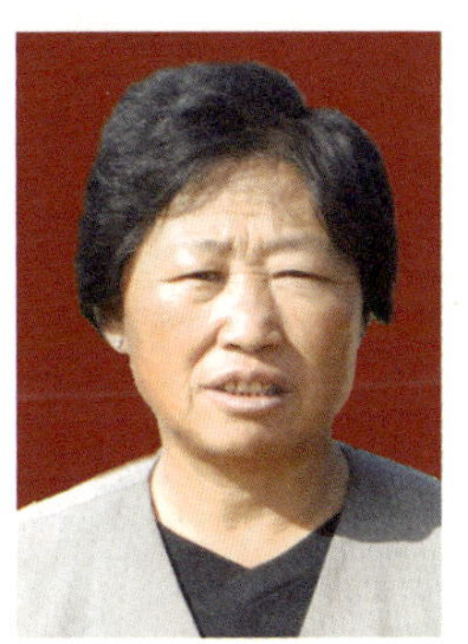
董希红

董希红姐妹7个，她排行老三。五妹董莲福9个月大时因患脑膜炎留下后遗症，智力仅相当于两三岁的小孩，没有语言表达能力，瘫痪在床，生活不能自理。董希红从懂事起，就帮着父母照顾五妹。天长日久，五妹只有董希红端着饭喂她她才肯吃，只有董希红在身边五妹才能安静得下来、睡得着觉。

董希红到谈婚论嫁年龄时，两个姐姐都已出嫁，父母年迈，身体状况也不太好。她为替父母分忧，做出找上门女婿的决定。父母起初考虑到这样会影响董希红一生幸福，坚决不同意。村里人也议论纷纷，担心她找不到可心的对象。董希红初心不改，最终找到了愿和她共同承担家庭职责的丈夫。婚后的董希红每天早起先做饭，给五妹喂完饭后再下地干活，晚上还要熬夜洗衣服，悉心照顾着五妹的生活起居。

1992年，董希红父母去世，她身边的几个妹妹也相继出嫁，照顾五妹的重担就全部落在董希红肩上。2005年，董希红女儿因车祸住进医院。在女儿住院的20多天里，她每天都是早起先安顿好五妹，再去医院照顾女儿。董希红30多年如一日，悉心照顾五妹。受其影响，儿子、儿媳和女儿也都尽力照顾患病的五姨。

2012年10月，董希红被中央精神文明建设指导委员会办公室评为“中国好人”。

中国好人苟增玉 女，1967年6月出生，小巴家村人。1986年8月参加工作，任职于胜坨镇中心幼儿园。

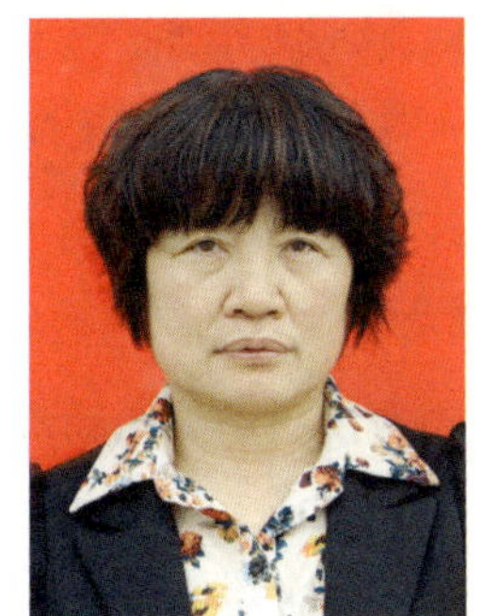
苟增玉

1996年6月，苟增玉的丈夫因意外事故去世，撇下了她、两个年幼的孩子和体弱年迈的婆婆，当时她年仅30岁。出事后，她的婆婆因丧子之痛变得精神恍惚，需要人照顾。尚未从悲痛中走出来的苟增玉，便扛起既要服侍老人，又要照顾孩子的重担。她每天给老人做好了饭菜端上饭桌，再把孩子送去学校。后经人介绍，苟增玉认识现任丈夫于吉文。于吉文亦为丧妻之人，带有一位年幼的孩子。婚后，苟增玉并没有丢下患病的婆婆不管，她和于吉文决定，两人一起共同照顾两个人的三个孩子和婆婆。之后 20 余年，苟增玉像亲闺女一样无微不至地照顾婆婆，陪护婆婆走完一生。

苟增玉与于吉文刚组成新家庭时，于吉文的儿子性格叛逆，不肯接受苟增玉，但苟增玉对于吉文的儿子比对自己的亲生儿子都上心，无微不至地关心他、爱护他。2005 年，孩子得了牛皮癣，苟增玉费尽周折，找医生，寻偏方，给孩子治好病。孩子被苟增玉感动，最终接受了她，并像对待自己的亲妈妈一样对待她。

20 多年间，苟增玉不辞辛苦，用坚强、善良和母爱，撑起一个原本破碎的家庭，用理解和包容融化老人、孩子的隔阂，使两个本破碎的家庭终得幸福。在“山东好人之星”评选中，她被评为“孝老爱亲”模范。2014 年 12 月，苟增玉荣登“中国好人榜”。

全国孝亲敬老之星王大江 1975 年 3 月出生，东王村人，大专学历，任东王村党支部书记、山东茂江仓储有限公司总经理。

王大江

王大江办企业致富后，奉献社会，善待邻里和员工。他每年都给东王村的孤寡老人和贫困家庭送去米、面、油、肉等生活用品。垦利街道和胜坨镇的两家敬老院里 80 岁以上老人、东王村 70 岁以上老人过生日时，王大江都会给他们送去生日蛋糕，送去祝福。每年重阳节，王大江都会去村老年公寓陪老人过节。他不仅在生活上给予老人帮助，还出资给村里老人修建文化娱乐场所。2012 年，东营市河口区义和镇梁家村近 15 万千克富硒苹果滞销，果农心急如焚。王大江得知后，立刻认购 4500 千克苹果，捐赠给东王村的老人和贫困家庭，帮果农化解燃眉之急。在村里，不管是老人还是孩子，都由衷地敬佩王大江。

2010 年始，王大江资助了临朐县冶源镇徐家峪村 3 名贫困生，直到他们大学毕业。他不仅资助贫困大学生，还带动家人、员工、朋友资助贫困孩子的家庭。2012 年，王大江资助冶源镇米山小学 20 万元建教学楼，受他影响，20 多名企业家纷纷解资捐助该校 157 名贫困学生。2013 年暑假，王大江向垦利县妇联捐款 4 万元，作为救助垦利县董集镇贫困孩子的启动资金。

2012 年，王大江被东营市委宣传部、市文明办评为“最美东营人”。2014 年，他被全国敬老爱老助老主题教育活动组委会评为“全国孝亲敬老之星”。

艺文

胜坨境域人杰地灵，钟灵毓秀。自古以来重教尚文，兼收并蓄，形成深厚文化底蕴。尤其是新中国成立以来，在党的“百家争鸣，百花齐放”方针指引下，群众文化艺术事业得到长足发展。文学创作等精彩纷呈，日益繁荣，许多讴歌时代、歌颂人民的精品佳作不断涌现，一大批优秀文学工作者成长起来。

诗歌

墓碑

李东仁

荒凉的原野
衬托着　几片云朵
大雁飞去的地方
我曾走过

在痛苦的宇宙里
付出　我的极致
是为终生乞求所有的
品尝

毁灭光寒着存在
把自由束缚地延展
让心灵之爱成为　囚

庙堂香焚着
生者　夜夜的祈祷
默默相守着遗失了的
灵魂

落叶在秋羸弱的心上
吹打
布满我更凄苦的归路

在古老的墓碑下
为什么　白色的温柔
总是带泪的花

（录自《2003—2004 世界汉诗年鉴》，世界汉诗杂志社，2005 年版）

童年记忆

刘同利

秋月西风冷海滨，
沙滩泥沼闹童真。
荆根照取装筐满，
蟹酱一坛香到今。

（录自《长白山诗词》2014 年第 3 期）

村头小景

刘同利

残荷野苇小池塘，
麻雀柴鸡草壁黄。
窗下干枝摇黍稷，
一方花帐晒秋场。

（录自《长白山诗词》2013 年第 3 期）

散文

黄河岸边的茵陈

巴兰华

每一个殷红的荚里都包裹着一粒墨黑晶亮的种子，圆而小，小米粒的样子，却泛着晶莹的黑宝石似的微光。它的学名叫作翅碱蓬，我们黄河滩人家则唤作种子。

望不到边的退海之地，辽阔而平坦，种子声势浩大，粘连一片，殷红的荚、梢，如无垠的火焰一样鲜艳、凄美。此时，姐也许正收敛地上一撮撮斩割的种子头梢，用镰刀钩拉到一起，沉着地把包袱展开，一层一层压实，直到四个包袱带子刚刚能挽起疙瘩……一大包种子被夕阳映过，西边的火苗燃烧得灿烂，背影的地方却黑暗如铁，地平线上却似刚刚凸出一座小山。

多少年过去了，我的记忆仿佛永远停滞在八岁时跟姐一起在黄河滩割种子、挖野菜的印象，如同不褪色的胶卷影像，无法抹平的印痕。一晃好多年过去了，仿佛就在昨天，那被斩去荚梢的种子芥子上还冒着淡淡的红水珠……刚被挖走野菜留下的小小坑穴周围，淡黄而贫瘠的土还是新鲜的……

姐，尽管学习好，但是，因为弟弟的出生，她辍学了。她的人生又重新分工：早上晚上看孩子；正当时间干农活。那个时候我体验不到父母的疾苦，却总为姐抱不平。姐，总是笑笑，拍拍我稚嫩的肩头，说，家里出来一个大学生就够了！在说这话的空当，我分明捕捉到姐那明亮的眸子里一星泪光闪现。为了掩饰或者别的原因，姐抿一下刘海，端着洗衣盆无言地走开了。

暑假，我跟姐去黄河滩上的高粱地锄地。姐已经是大姑娘了，即使穿着普通的衣裤，那高挑匀称的腰身也那么俊俏飘逸……我说，姐真美！姐就笑了，整洁的牙齿闪着晶莹的光泽。姐在地头折了一截植物凑到鼻子上嗅。然后，就闭起眼睛，脸向上慢慢仰起，对着太阳……瞬间，一个喷嚏打得惊天动地。我吓得一个趔趄，差点就坐到草地上。姐，却笑得花枝乱颤。我问姐那是啥。姐说，是蒿。

蒿，三月叫茵陈，春暖花开时节，它在松软的黄沙土上最早绽放，颜色灰绿，闪着金属的光泽，样子酷似菊花，贴在地皮上，下面是隔年的尘土草屑，上面是暖暖的阳光。用镰尖剜下，回家择去枯叶水洗，拌上面粉锅蒸，蘸醋和蒜泥，可谓佳肴，去火消炎，青嫩爽口，是大自然馈予黄河人家不可多得的礼物。茵陈到了四月，就不叫茵陈了。此时，秸秆从菜心窜出，已经一筷子高，就叫作蒿了。蒿，人不能吃，山羊倒是挺喜口的。蒿，到了十月，用最后的时光释放着独特的芬芳。姐说，我就喜欢蒿这苦的味道，薄荷一样清新的气息。我接过来闻闻，的确如姐所说，浓浓的薄荷气夹带一丝淡淡的苦味道！

我忆起自己还是儿童的时候，白天姐是姐，晚上姐就像娘。给我洗脚，脱衣服，按到被窝里掖好被角，给我烤地瓜有时也有胡萝卜，还有用铁簸箕放上沙土在炉子上爆玉米花……我有晚上蹬被子的习惯，然而，冬天夜里我从来都没有感冒过，醒来时，总是卧在姐温暖的怀里，小脚丫被姐用腿牢牢地夹着……姐是我童年的保护神。

母亲说起这些陈年往事来不是流泪，就是连连叹息。

姐，在没有任何讯息的提示下就消失了，消失得无影无踪。

我接到电话，向学校请了半个月的假，鞋子都跑破了，也没有寻到姐的踪影。我垂着头难受地撕扯着头发，跟同样抽泣的母亲无言以对。母亲说，你姐再也不会回来了。即使死在外头！原来姐喜欢上村东头的君，家里人因为辈分和属相不合没有同意。姐就一直没有再找对象。君跟邻村一个女孩结婚的当天夜里，母亲发现姐不见了……我理解姐。一个女孩子没有权利选择出生的家庭；一个女孩为了父母可以任劳任怨为家操劳；一个女孩可以为了自己的哥哥、弟弟牺牲学业……但是，作为一个人不会永远为别人活着，特别是自由被别人无端剥夺的时候……这就是姐，一个逆来顺受默默无闻的黄土地上的女孩子。

……

听着妻儿轻轻的鼾声，我披上外套轻轻和上门，步出小弟的新房。我深一脚浅一脚寻着久远的记忆，嗅着那丝丝缕缕的蒿的气息，摸到最西头残破的已经没有了顶子的房间……是姐原来的闺房。

触摸到土炕上布满灰尘的榆木炕沿，现实的冷意与回忆的炙手的温度一起传送到我的手指，关节神经质地在颤动、在探索。立在阴影里，我想姐一定站在月色下望着我，不远不近，若即若离……

姐背负种子的景象又一次闪现在我眼前：那托着一座红山的坚韧而挺直的脊梁，以及对大千世界的淡然而无畏的眼神！

我静卧在寒冷的月华里，杂乱无章的梦里，我看到初生在荒凉的黄河滩上楚楚可怜的茵陈，嗅到十月蒿的浓浓薄荷气息以及夹杂的淡淡的苦味，我却怎么抓也抓不到它了……

（此文获第六届冰心散文奖）

民间传说

戈武益母草传说

在黄河口一带，流传着这样一句话，叫作“要吃益母草，围着戈武找。”益母草绿叶白花，是生长在黄河口一带的一种野生草本植物，也是一味中药。戈武，是位于胜坨境内的一个小村子。

相传很久以前，药王爷在遥远的南山培植百草，为的是广济天下百姓，给世人医疾疗伤。他历经九九八十一年，培植出成百上千种药草，有的能治内疾，有的能医外伤。在这些药草中，有两种药草最难栽培，而功效又最特别，那就是灵芝草和益母草。其中，益母草治妇女病有特效。

为保护好这两种仙草，药王爷把它们栽到了地势险要的一条山沟里，让一头已驯养200多年的得道猛虎把守山口，守护仙草。这只猛虎昼夜不睡，经年不食，忠于职守。那些想来盗仙草的禽精兽怪，被它咬死的不计其数。后来，禽精兽怪们再也不敢前来盗仙草了。

某年，黄河口一带疫病流行。药王爷知道后大发慈悲，想送仙草去解救这方民众于苦难。药王爷听说染病的多是妇女，便决定把益母草送去。可是这么远的路怎么送呢？若是半路上被坏人或者禽精兽怪们劫去咋办？药王爷遂决定让看守仙草的猛虎下山一趟，亲自护送仙草北上。

这猛虎得了药王爷的命令，驮了益母草，一路逢山翻山，遇河渡河，日夜兼程走了七七四十九天，这一天终于来到了黄河尽头。猛虎行前，药王爷只对它说送仙草到北方黄河口，可未曾说明是送到哪府哪县哪个村庄。猛虎漫无目的地来到了黄河口岸边的一个小村子，这个村就是戈武村。当时，全村大部分女人卧病在床。那猛虎见此状况，遂就地打了一个滚，变作一个白胡子老头儿进了村。他拿着益母草的叶子对村里人说，“这是益母草，只要放到锅里煎水一喝，妇女病就会好的”。人们虽半信半疑，但别无他法，只好依言而行。果然，喝过益母草水的妇女病都好了。

这草能治病的消息很快就传开了，一传十，十传百，附近三里五村的人都知道了戈武村有益母草可以治妇女病，纷纷前来讨要。可是一株益母草怎么够这么多人使用啊！这猛虎便在戈武村附近的河滩里选了块好地，把仅剩了根的那株益母草栽下，并对它吹了口仙气，这益母草便郁郁葱葱地长起来了。谁要用，谁就来采，但总也采不完。益母草却从此留在了戈武村的黄河滩里。

“噶达顶”传说

20 世纪末，海北村西北约一百五十米处，还有一个两米多高的大土堆，上面长满了蒺藜、蒿子、枸杞等野生植物，虫蛇经常在这里出没，人们管它叫“噶达顶”。噶达顶的来历有一段美丽的传说。

相传很久以前，这里住着一位藩王，藩王府第高大宏伟，宽绰无比，还建有东、西两个大宅院供家人居住。藩王府家财万贯，沃野无边，养着上千人的护兵，成万人的家奴，各有分工，井然有序。以藩王府为中心，西北方是藩王河，西边有藩王陵、点将台，东边有马厩、地栏（厕所）、巡防地（士兵站岗、放哨的地方），东北方有草场（牧马场）、演武场，还有一处窑场。后来，不知什么原因藩王府没落了，只留下一片遗迹和瓦砾。然而，当年的地名一直沿袭至今，如藩王河、草场、巡防地、小窑等一些地名。噶达顶就是那时的藩王府遗址，藩王陵、点将台现在叫二郎甸子、小噶达；马厩、演武场如今叫马壕、演场。2006 年，文物部门在这里发现了海北遗址，挖掘出土了大量宋金时期的瓷器、陶器等文物。

三佛殿村名由来

相传很久以前，胜坨境内有的地方还是一片汪洋大海。有一年春季，一条出海渔船遇到了暴风，船被打翻。船上三位渔民在大海上漂泊了三天三夜，后被大浪冲上岸边，奇迹般地得以生还。三位渔民认定这是神灵保佑，心中万分感激，于是出资在漂泊上岸的地方修了三间庙，立了三尊佛，旁边还有 20 多个侍卫（小鬼），庙门口前立有一口直径 66 厘米、高 1.2 米的铁钟。

明永乐年间（1403—1424），李氏先人李怀金从利津县城小东街迁往此地，在庙旁建村。因发现庙中有三尊佛，故称此庙为“三佛殿”。前来烧香、拜佛的人很多，村名也就随着叫开来。后来，每年的农历九月九日，人们都来赶庙会，无棣县的“笛梆子”剧团还来助兴演出。清嘉庆十七年（1812），三佛殿村村民王祠元、张兆庚等 20 多人捐资对三间正殿予以修缮，扩建东西厢房和门楼，形成院落，并立碑作记，固定守庙（撞钟）人。据说，他们的善举感动了庙中神佛，修庙期间，每天傍晚干活收工后，便有两只狼前来守护工料，第二天上工前便悄然离去，直至完工。

佛头寺村名由来

据传，明洪武二年（1369），李元通、李元成兄弟二人自山西洪洞县迁此一寺庙处建村，故得名“龙头寺”，后群众讹称“窝头寺”。不久，从外地来了位风水先生，说这里天时地利，得天独厚，以后定会出个能征善战的武将。当时人们深受元末战乱之苦，非常厌恶战争，害怕出什么武将引来灾祸，就在村东修庙塑佛，祈求佛祖保佑，逢凶化吉。后来，果真村里没出什么武将，倒是出了许多窑匠，他们烧制的泥陶，质地优良，价廉耐用，名传乡里。祖辈们认为这是佛祖显灵，便对佛祖更加崇敬。1952 年，村庄改名称“佛头寺”。

皇殿村传说

很久很久以前，这里是烟波浩渺的大海。不知过了多少年，海水逐渐退去，不知又过了多少年，这里便杂草丛生，野花点点。到了明洪武二年（1369），一个叫王三的人，从东昌府临清州（今聊城市）带着妻儿来这里狩猎，后来便居住下来，开垦出土地，种上庄稼，春种秋收，年复一年，代代繁衍，这里渐渐形成一个小村落。为了纪念祖宗王三，王氏后人在村头盖起一座小庙，供奉着王三的塑像。

有一年，一位皇帝巡海来到这个小村附近，突遇狂风大作，暴雨倾盆，海潮大涨，皇帝一行便赶紧来到村头小庙里躲避风雨。风，一个劲地刮着；雨，一个劲地下着。时间过去，皇帝和他的随从饿极了，无奈，只好用桌上的供品充饥。

第二天，天气出奇的好，皇帝一行准备启程赶路。他们刚走出庙门，只见从村里跑出很多人聚集到庙前。原来，有早起的人看到庙里有很多人，以为是来扒庙的，便悄悄聚起全村的人赶来保护小庙。当他们知道是皇帝的人马时，都吓得跪倒在地。皇帝知道原委后，很是感慨，当问起这个村的名字时，人们都摇头了。因为他们只知道自己姓王，还不知道村子也要有个名字呢。皇帝听后，略思片刻，便说：你们的祖先姓王，你们又为他修了这座庙。“王”与“皇”读音很近，这村就叫皇殿吧！从此，“皇殿”这一村名就叫了起来。

能锔匠李登峰

三佛殿村李家，世代以锔盆补锅为业（当地俗称“锢漏子”），手艺精湛，服务热情，深得当地群众喜爱。一代传人李登峰做的一次绝活，被乡邻传为佳话。

清末，利津县出了一名翰林赵长龄，官至山西巡抚，职高位显，家中摆设不乏世间奇珍。其中，有一全家奉为至宝的御赐花瓶，不小心裂成两半，赵家多方寻找能工巧匠想将其锔合起来，但要求十分苛刻：瓶上不得看到明显锔钉，不能影响花瓶美观。因此，十几年下来，没人敢揽此活。后来，此事传到李登峰耳朵里。他经深思熟虑，决定一试，挑起锢露担子来到赵府门前。赵府家人说明此活，并带嘲讽意味地说：“如能锔好，钱可任你要，若要有新的裂痕出现，怕你赔不起！”李登峰看过花瓶，故作神秘地回答：“做这种精细活，锤子怕生人看，我得带回家，燃香焚纸夜间做。只要能满意，钱可随便赏，否则，分文不取，赔钱的活我从来不干。”经一番交涉，最终成交。李登峰回到家中，按需求打好锔孔，用麻线一一穿过锔孔，将花瓶系牢，瓶中插一木棒，再用沙泥填满花瓶，待沙泥稍干，剪断麻线抽出，从一锔孔灌入铜水，至另一孔溢出为止，铜水凝固后，用锉打平，逐一完成后，轻轻拔出木棒，投出沙泥，洗刷干净，严密合缝，丝毫不差，不知者根本看不出来，户主十分赞赏，所赏工钱当然不菲。从此，李登峰“能锔匠”的名声不胫而走。

大事纪略

胜坨境内历来崇文重教，兴办私塾学校；革命战争时期支持革命，敢于斗争，勇于牺牲；社会主义建设时期，坚持走社会主义道路，发愤图强，锐意进取，甘于奉献。

梅家与小街设立黄河渡口

梅家与小街渡口位于梅家村西南一千米处，是经胜坨通往利津县城的重要渡口，属长年渡。清咸丰五年（1855），此处始设渡口。1938年6月9日，黄河改道入淮，河道一度为清水河。1942年，侵占利津县城的日、伪军，为便于对垦区“扫荡”掠夺，在此处造木桥1座，不久被八路军清河军区部队炸毁。1944年年初，利津县航运所在此设2艘木船摆渡。是年8月，该渡口由渤海军区海防大队二中队接管。1947年，黄河复归故道后，该渡口改为民办。1964年4月，该渡口收归集体。1972年，梅家大队与小街大队合办，购进20马力木制渡船4艘，每个大队2艘，总载重69吨，船工16人。1985年始，该渡口承包给个人营运。2001年12月，利津黄河大桥建成通车，该渡口停运。

民国时期民间建造防御寨墙

民国初年，岁年歉收，常有土匪劫掠。利津县北部和东北部幅员辽阔，荆芦茂密，土匪啸聚。官兵进剿时，土匪转移遁去，潜伏芦苇深处，掘壕打棚聚居其中，躲避剿捕。加之官兵中多有通土匪者，官兵未到，土匪先知，年复一年，匪患仍频。利津县城经常关闭城门，数日不敢开。胜坨境为土匪进入利津县城必经之地，受害更甚。迫不得已，有些村庄的民众自发成立民团组织予以抵御。富豪大家则建起高寨深院，并雇用兵丁严加防范。境内曾建有宁家寨、王家寨、华家寨等防御寨墙。

华家寨位于原常家村西边，是境内面积较大，工事最坚固的民间防御建筑。经几代人艰辛经营，至清末形成的院落规模巨大，建筑面积约 1.4 万平方米。四周建有防御寨墙，墙顶可以行人。东北角设 10 多米高的望楼，东南与西南角设 10 米高的护院楼。各楼子和寨墙上有望垛口和射击孔。寨内建有 4 个套院，有巷道、地下通道相连，饮水井一眼。寨内、寨墙、寨楼上下连贯，遥相呼应，具有较强的防御能力，寨门一关，有“一夫当关，万夫莫开”之势。主人为积善行德，保佑四方平安，每次土匪劓村，均让方圆几里的村民到寨内避难，主人管吃管住，难民一住少则一两天，多则十几天。

宁庄女子小学建立

1920 年，利津县政府投资，在境内宁庄（宁家村）建立宁庄女子小学，借用三间民房作教室兼教师宿舍。学校经费包括教师薪金，均由利津县政府拨款。教师是崔凤章，他是宁庄的一位老先生，先后在校执教八九年的时间。其间，有半年多的时间，崔凤章去外地学习，课程由李书堂代教。课程设新国文、新算术、新修身 3 门，各 8 册，供 4 个年级使用。学校对促进女子启蒙教育和改变社会风尚起到积极作用。本村学生李静曾在此校学习，后来考入利津女子高小，毕业后回本村任教多年。宁海区解放后，第一名女教师宁殿英亦毕业于该校。

坨庄完全小学建立

1939 年，坨庄原有初级小学一处，破旧不堪，国民党保安七团团长张家麟在坨庄村西首重建为完全小学。北屋 5 间，作教员办公室兼宿舍；东屋 3 间，作为初小教室；南屋 3 间，作为高小教室；西屋 3 间，作为伙房兼工友宿舍。教师赵梅村教语文、音乐、美术，苟祥蔼教自然、常识、公民，赵启源教地理，苟清明教数学，周某（名字失考）教历史。学校经费由村保甲长筹集。学校成立后，招初小、高小各 1 个班，有学生六七十人。

1943 年 1 月 13 日，保安七团被日伪军围歼，学校随之解散，大多数高年级学生和老师参加了革命，后来都成为各条战线上的领导骨干。

创建黄南武工队

1939 年，日军二次侵占利津县城后，国民党利津县党部迁往西张家庄（大张村），即国民党保安七团驻防区内。三青团山东省团部利津县分团部在崔家庄子建立。利津县黄南乡（利津民间称黄河以南的乡为黄南乡）宁家庄（宁家村）的爱国青年李吉增偕同聂振东、张德生一起开展抗日宣传活动。是年冬，他们又吸收尚希文等人员组建黄南武工小组，进行抗日武装斗争。武工小组创建初期，武器只有一杆花枪和一口单刀，只能做一些组织宣传、侦察敌情和发展队伍的工作。至 1941 年下半年，武工小组发展到 30

多人，武器也多起来，并正式编为抗日黄南武工队。李吉增任队长，张德生任副队长，聂振东为党代表，尚希文做通讯员。1942 年年初，黄南武工队改称区中队。这时，队伍已经发展到 50 多人，拥有长短枪 30 多支，成为一支重要的抗日武装力量，在摧毁崔家庄（崔家村）、盐窝据点和反“扫荡”等战斗中发挥了很大作用。

国民党同志抗敌协会与国民党保安七团达成三项协议

1941 年 11 月，中共清东区党委派杨少心到垦区以国民党同志抗敌协会（简称抗协）代表名义搞统战工作，化名鲁震，人们一般称呼他鲁主任。当月，杨少心与驻利二区的国民党保安七团张家麟部取得联系。保安七团代表派侯乐三带领副官张怀友经朱家屋子到达垦区八大组，与中共清河区党政军领导人李人凤、徐斌州，抗协主任孙明刚等人会见。李人凤阐明八路军愿与各友军友好相处、共同抗日的主张，并与其协商加强联系、互相协作等事宜，约定择日在垦区双河镇正式会谈。12 月初，保安七团与抗协的代表在双河镇会晤，双方达成三项协议：一、拥护抗日民族统一战线，抗日高于一切，一切行动服从抗日。二、双方一致同意以现驻地为防地（即坝头以西为七团防地，以东为八路军防地），互不侵犯，互相帮助，共同抗日。三、保安七团代表一致同意中共垦区抗日民主政府在垦区实行减租减息，特别赞赏垦区抗日民主政府对垦区的土地整理办法。

1943 年腊八惨案

1943 年 1 月 13 日（壬午年腊月初八）拂晓，日伪军 6000 余人在从利津城前往垦区中心八大组“扫荡”扑空后折返途中，突然合击驻扎在周家庄的国民党保安七团，将毫无防备且战斗力很差的保安七团官兵几近全部围歼，日伪军冲进周家、西张一带村庄进行烧杀抢掠。

午后，在西张庄西南洼地里，日伪军将许观敬等 12 人捆住手脚，蒙上眼睛，强令其面朝南跪在地上，一声令后，12 人被刺刀穿透胸膛，惨烈之状，目不忍睹。

傍晚，滥施淫威的日伪军掳走保安七团官兵和附近几个村的群众计 1000 余人，押往惠民县城。连续几天不给被掳人员水喝，不少人饥渴而死，侥幸逃还者寥寥无几，没死的 400 余人被送到东北充当劳工，均客死他乡。

西张庄经日伪军腊月初八一天的洗劫，18 名无辜村民惨遭杀害。在此次“扫荡”中，境内有 46 名平民被日军枪杀。

1943 年建立中共利二区委和区武工队

1943 年 3 月，中共利二区区委、区公所建立，李明村任书记，苟九泽任区长，机关驻小宁海、巴家集一带，分别隶属于中共垦利县委、县抗日民主政府。

1943年春，中共垦利县委在利津二区组建区武工队，队长先后由苟九泽、李真担任，指导员先后由李明村、许文担任，人数二三十人。1944年，利津二区划分为利津二区、利津四区。利津四区区中队随之建立，队长张子敏，指导员孙枫桐，至1947年，发展到50人左右。1949年上半年，区武工队建制撤销，大部升入主力部队。区武工队在配合主力部队打击日伪、组织民兵破袭、开展抗日斗争、剿匪反特、保卫胜利果实、维护地方社会治安等方面发挥了重要作用，同时为县大队及八路军、解放军主力部队输送了大批兵员。

战胜1958年伏汛特大洪水

1958年7月17日，黄河防汛总指挥部电示：黄河中下游连降暴雨，干支流相继出现洪峰，预报7月18日2时花园口将出现每秒22000立方米洪峰，这次洪水与1933年相似，情况相当危急。中共山东省委、省人委按照国务院总理周恩来批示的“依靠群众、固守大堤，不分洪、不滞洪，坚决战胜洪水”方针，迅速部署要求沿黄地、县、乡党委、政府，必须全党全民动员，集中一切力量防洪，确保沿河人民生命财产安全。

7月18日，花园口站出现每秒22300立方米洪峰。25日，峰顶到达境内，最高水位刘家夹河站13.76米，流量每秒10400立方米，持续时间长达15小时之久。这是1855年后黄河在境域内出现的最大洪水。在洪水到来前，广饶县防汛指挥部已部署做好充分准备，组织基干班2722人，抢险队160个，照明班78人，临时工程队36人，运输队和防汛队3548人。防守期间，采用一切可行措施，划片分段防守，对防汛人员进行技术训练。

7月20—28日，9天之内，泺口站最大洪峰流量每秒11940立方米，最高水位32.09米，超过保证水位0.89米，到达境内佛头寺险工水位达到13.76米。临河堤全部偎水，堤根水深一般为2～4米，离大堤出水仅剩1米多，险工坝岸几乎与河水持平，风波浪涌，情势极为严峻。377名机关干部与广大民工组成5万人的防汛大军，先后上堤防守。在堤线上，特别是险要堤段，组成强大人防，昼夜奋战，抢修子埝，加高埽面，并先后抢护大小险情 44 处。抗洪期间，共计完成土方 7.63 万立方米，实用柳枝 122.09 万千克，石料 0.14 万立方米，工日 13.98 万个，最终战胜洪水威胁，确保了堤防安全。

“三海”党支部致信邓小平请求解决生活困难

胜利油田进入境内开发建设后，原胜坨人民公社“三海”（海北、海中和海南村）等村的土地被大量占用，农业生产受到严重影响，粮食总产量逐年下降，油田重点区域里的村庄由过去粮食自给自足，逐步变成“吃粮靠供应，花钱靠救济，生产靠贷款”的“三靠”村。1964 年始，仅海中一个村的土地上就建有油气井 590 口、沥青路 19 条、通井路 72 条和油气联合站、污水站、变电站、注水站、集油站等 28 处，胜采二矿、三矿、四矿，井下作业大队，供电电气大队，井下修保大队及油田基层机关驻地与居民点 16 处，油、气、水管线纵横，高、低压电线杆林立，共占用土地 253 万余平方米，土地几乎被占光。1974 年，小宁海大队党支部向中共山东省委反映油区人民的生产生活情况，省委对来信非常重视，迅即给当地群众按城市菜农的吃粮标准供应粮食，细粮供应量比之前提高 30%，基本上解决群众的吃饭问题。1980 年，海北、海南、海中三个村党支部联合致信邓小平，反映油区农村群众生产生活困难状况。邓小平批示“调查研究，解决问题”，转给山东省委和石油部。省、地、县和胜利油田组成联合调查组，现场调研，最后解决措施落实在“稻改”上，即改旱田种水稻。1981 年，油田拨款 730 万元，解决海中、海南、海北、工农、小巴家等 7 个大队的稻改资金。1982 年，稻改获得成功。1983 年，参与稻改的村基本实现人均 1 亩稻田，彻底解决群众吃饭问题。之后，每年还卖给国家余粮 20 ~ 30 吨。1994 年，海中、海南、海北、工农等村转为山东省城镇户口，人民过上稳定富裕的生活。

2004 年胜坨镇举行建镇 10 周年庆典

2004 年 3 月 28 日，胜坨镇举行建镇 10 周年庆典活动。上午，在镇人民政府礼堂召开“胜坨镇建镇十周年暨油地团结发展推进大会”，历任市、县主要领导、胜利石油管理局领导及胜坨籍在外工作的科级以上干部共聚一堂，畅述胜坨十年的变化和发展前景。晚上，在镇探宝广场举行文艺联欢晚会。同时，胜坨镇和县书协联合举办“庆祝胜坨建镇 10 周年书画展”，展示建镇十年成就。出版大型报告文学《大河入海》，全面系统地描述胜坨人民数百年的艰苦创业史，展示全镇各行业的建设新成果。

2008 年胜坨镇跃居全国乡镇综合实力 500 强

2008 年，胜坨镇地区生产总值 53.3 亿元、财政一般预算收入 7580 万元，规模以上工业企业总产值 270.5 亿元，农民人均纯收入 7987 元，进入“中国乡镇投资潜力 500 强”“中国乡镇综合实力 500 强”行列。这是中共胜坨镇委员会、镇人民政府大力实施“工业强镇、农业现代化、招商引资、小城镇建设和加快农村劳动力非农就业、提升繁荣第三产业”五大战略所取得的丰硕成果。

胜坨镇所获部分奖杯

2015 年抗战支前模范孙合全进京参加抗战胜利 70 周年阅兵式

2015 年 9 月 3 日，经东营军分区推荐上报，孙合全作为抗战支前模范进京参加中国人民抗日战争暨世界反法西斯战争胜利 70 周年阅兵式。

孙合全，胜坨镇东王村人，1928 年出生于贫苦农民家庭。1943 年 1 月，参加八路军，先后担任侦察员、交通员、警卫员。同年 7 月 4 日，跟随垦区独立团参加攻克陈庄日伪据点战斗。此战斗消灭陈庄据点的 9 名日本侵略军和 21 名伪军，捣毁陈庄日伪军据点。在惠民县现河村战斗中，孙合全被敌人射中左手，右腿也被弹片炸伤，瘫坐在地上。从清晨开始，他没吃没喝，血流不断，仍然坚持战斗至结束。1945 年抗日战争结束后，孙合全因伤病退伍回到家乡，继续发挥作用，先后组织数批村民参加支前，并随大部队支援解放定陶、汶上等县城的战斗。新中国成立前夕，孙合全安心留在家乡东王村。几十年来，他积极发挥余热，在文化大院里为村民服务，给村里的孩子讲革命战争年代的故事。

孙合全

2015 年 9 月 3 日，孙合全（前排左一）与进京参加阅兵式的抗战英雄合影

黄河落日

附录

胜坨镇歌

胜 坨 镇 歌

1=E 2/4

（自豪地、雄壮地）

词 王秀华

曲 陈崇喜

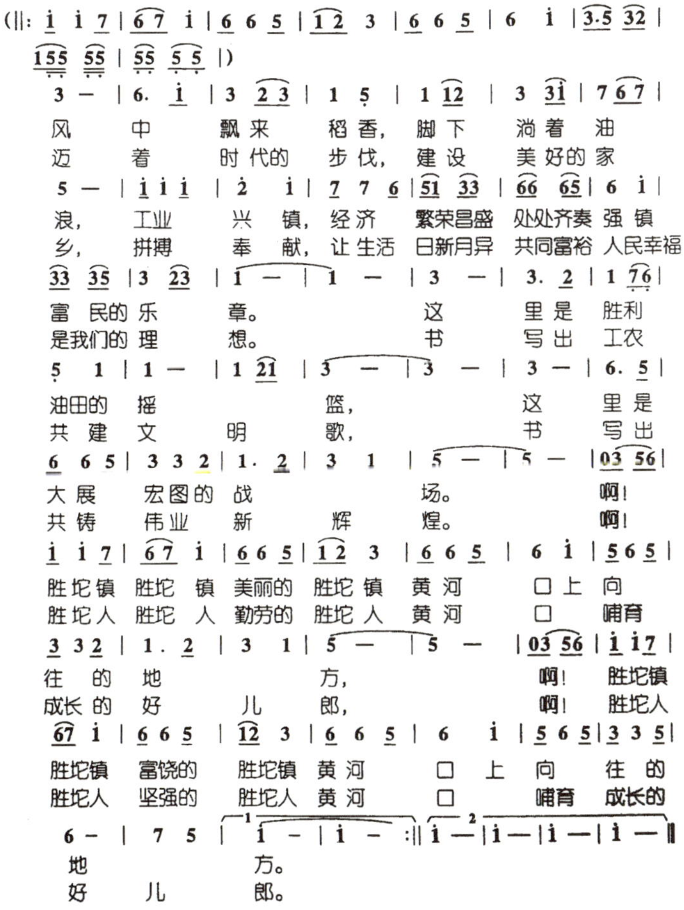

(‖: i i 7 | 6 7 i | 6 6 5 | 1 2 3 | 6 6 5 | 6 i | 3·5 32 |
155 55 | 55 5 5 |)

3 — | 6. i | 3 23 | 1 5 | 1 12 | 3 3i | 7 67 |
风 中 飘来 稻香，脚下 淌着 油
迈 着 时代的 步伐，建设 美好的 家

5 — | i i i | 2 i | 7 7 6 | 51 33 | 66 65 | 6 i |
浪，工业 兴 镇，经济 繁荣昌盛 处处齐奏 强 镇
乡，拼搏 奉 献，让生活 日新月异 共同富裕 人民幸福

33 35 | 3 23 | 1 — | 1 — | 3 — | 3. 2 | 1 76 |
富 民的乐 章。 这 里 是 胜利
是我们的 理 想。 书 写出 工农

5 1 | 1 — | 1 21 | 3 — | 3 — | 3 — | 6. 5 |
油田的 摇 篮， 这 里 是
共 建 文 明 歌， 书 写 出

6 6 5 | 3 3 2 | 1. 2 | 3 1 | 5 — | 5 — | 03 56 |
大 展 宏图的 战 场。 啊！
共 铸 伟业 新 辉 煌。 啊！

i i 7 | 67 i | 6 6 5 | 12 3 | 6 6 5 | 6 i | 5 6 5 |
胜坨镇 胜坨 镇 美丽的 胜坨 镇 黄 河 口上 向
胜坨人 胜坨 人 勤劳的 胜坨 人 黄 河 口 哺育

3 32 | 1. 2 | 3 1 | 5 — | 5 — | 03 56 | i i7 |
往 的 地 方， 啊！ 胜坨镇
成长 的 好 儿 郎， 啊！ 胜坨人

67 i | 6 6 5 | 12 3 | 6 6 5 | 6 i | 5 6 5 | 3 3 5 |
胜坨镇 富饶的 胜坨镇 黄 河 口 上 向 往 的
胜坨人 坚强的 胜坨人 黄 河 口 哺育 成长的

6 — | 7 5 | [1.] i — | i — :‖ [2.] i — | i — | i — | i — ‖
地 方。
好 儿 郎。

胜坨颂

胜 坨 颂

1=F 4/4

男女二重唱

王秀华 词
苏 越 曲

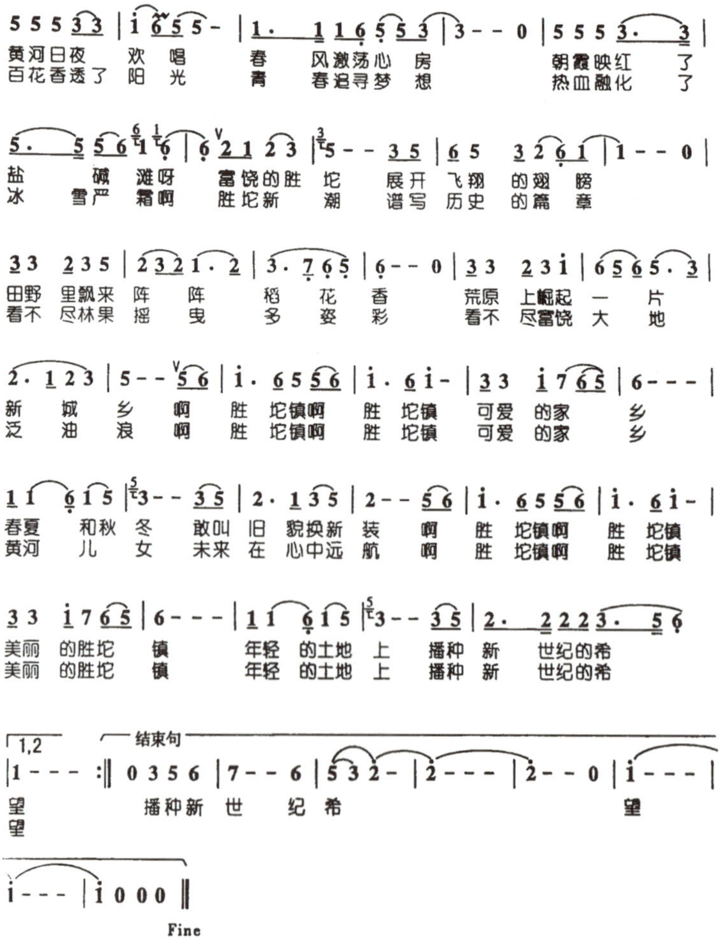

黄河日夜欢唱 春风激荡心房 朝霞映红了
百花香透了阳光 青春追寻梦想 热血融化了

盐碱滩呀 富饶的胜坨 展开飞翔的翅膀
冰雪严霜啊 胜坨新潮 谱写历史的篇章

田野里飘来阵阵 稻花香 荒原上崛起一片
看不尽林果摇曳 多姿彩 看不尽富饶大地

新城乡啊 胜坨镇啊 胜坨镇 可爱的家乡
泛油浪啊 胜坨镇啊 胜坨镇 可爱的家乡

春夏和秋冬 敢叫旧貌换新装 啊 胜坨镇啊 胜坨镇
黄河儿女 未来在心中远航 啊 胜坨镇啊 胜坨镇

美丽的胜坨镇 年轻的土地上 播种新世纪的希
美丽的胜坨镇 年轻的土地上 播种新世纪的希

1,2
望
望

结束句
播种新世纪希望

Fine

主要参考文献

胜坨镇志编纂委员会编:《胜坨镇志》，黄河出版社，2011 年。

《胜坨镇志》编纂委员会编:《胜坨镇志》，线装书局，2016 年。

山东省垦利县地方史志编纂委员会编:《垦利县志》，山东人民出版社，1997 年。

垦利县地方史志编纂委员会编:《垦利县志（1986—2002）》，中华书局，2005 年。

《垦利县教育志》编纂委员会编:《垦利县教育志（1941—1985）》，1987 年。

《垦利县教育志》编纂委员会编:《垦利教育志（1986—2006）》，山东大学出版社，2008 年。

中共垦利县委员会组织部等编:《中国共产党山东省垦利县组织史资料（1941—1987）》，1988 年。

垦利县党史史志办公室编:《中国共产党山东省垦利县组织史资料（1988.1—1999.12）》。

利津县地方史志编纂委员会编:《利津县志》，东方出版社，1990 年。

《胜利油田大事记》编纂委员会编:《胜利油田大事记》，石油大学出版社，2003 年。

胜利油田《胜利采油厂志》编审委员会编:《胜利采油厂志（1964—2002）》，中国工人出版社，2004 年。

《胜利油田・胜利采油厂志》编审委员会编:《胜利油田・胜利采油厂志（2003—2012）》，石油工业出版社，2013 年。

王光明、董安华:《大河入海》，中国社会出版社，2004 年。

编纂始末

2014 年，按照中国地方志指导小组、山东省地方史志办公室、东营市史志办公室部署要求，在中共东营市垦利区委、区人民政府的领导关怀下，区党史史志办公室与胜坨镇启动《中国名镇志文化工程·胜坨镇志》编纂工作。2017 年 4 月，又按照省、市史志办部署要求，同时实施《齐鲁名镇名村志文化工程·胜坨镇志》编修工作，于 2017 年 10 月结束编修。

编纂中，力求篇目结构设计符合中国名镇志文化工程要求，立足于胜坨镇的“名”与“特”，基于经济强镇这一定位来进行。区、镇两级编修人员在志稿编写工作中精益求精，数易其稿，反复推敲打磨修改。这期间，市史志办领导及专家等给予大力支持与指导，严格审查把关，提出重要的修改意见和建议。省史志办领导更是给予及时的关怀与支持，组织专家给予审改，提高志稿质量，指导工作开展。

其间，特邀刘建国、徐秋明两位专家对志稿作出编修指导，胜利油田史志办公室、垦利黄河河务局、利津县史志办公室等单位也给予大力支持与帮助。在此，谨向所有关心、支持本志编纂工作的领导、专家和同志们表示衷心感谢！

《中国名镇志文化工程·胜坨镇志》终成册付梓印刷，倍感欣慰，虽苦犹荣。但书中仍难免有疏漏错讹之处，恳请方志界专家、同仁及广大读者批评指正。

编　者

2018 年 11 月